Lukas Handschin†
Flurin Vionnet-Riederer

Rechnungslegungs-
und Revisionsrecht

Lukas Handschin†
Prof. Dr. iur., Rechtsanwalt
Emeritus der Universität Basel

Flurin Vionnet-Riederer
Dr. iur., Rechtsanwalt
Lehrbeauftragter an der Universität Basel

Rechnungslegungs- und Revisionsrecht

IN A NUTSHELL

3. Auflage

Bibliografische Information der Deutschen Nationalbibliothek

Die Deutsche Nationalbibliothek verzeichnet diese Publikation in der Deutschen Nationalbibliografie; detaillierte bibliografische Daten sind im Internet über http://dnb.dnb.de abrufbar.

Alle Rechte vorbehalten. Dieses Werk ist weltweit urheberrechtlich geschützt. Insbesondere das Recht, das Werk mittels irgendeines Mediums (grafisch, technisch, elektronisch und/oder digital, einschliesslich Fotokopie und Downloading) teilweise oder ganz zu vervielfältigen, vorzutragen, zu verbreiten, zu bearbeiten, zu übersetzen, zu übertragen oder zu speichern, liegt ausschliesslich beim Verlag. Jede Verwertung in den genannten oder in anderen als den gesetzlich zugelassenen Fällen bedarf deshalb der vorherigen schriftlichen Einwilligung des Verlags.

© 2023 Dike Verlag AG, Zürich/St. Gallen
ISBN 978-3-03891-477-8

www.dike.ch

Vorwort

Diese «nutshell» bietet eine kompakte Darstellung der Bestimmungen des Rechnungslegungs- und Revisionsrechts. Sie behandelt die Vorschriften des aktuellen und des geplanten Handelsrechts sowie der Regelwerke Swiss GAAP FER und IFRS. Das Buch ist nach Themen gegliedert. So werden beispielsweise die Regeln des Handelsrechts und die wichtigsten Vorschriften der Regelwerke in den Kapiteln «Grundsatz ordnungsmässiger Rechnungslegung» und «Bestandteile des Jahresabschlusses» konsolidiert behandelt. Das erleichtert das Verständnis der Gemeinsamkeiten und den Vergleich zwischen den einzelnen Normen stark. Dank diesem Aufbau und der konzisen Darstellung ist diese «nutshell» auch von grossem praktischem Nutzen. Die Neuauflage befasst sich insbesondere mit der per 1. Januar 2023 in Kraft getretenen Aktienrechtsrevision und zeigt deren Einfluss auf das Rechnungslegungs- und Revisionsrecht auf.

Mein Dank geht an den Co-Autor, Prof. Dr. iur. Lukas Handschin, der die Basis dieses Buchs geschaffen und die Rechnungslegung in der Schweiz auch mit seiner Vorlesung «Rechnungslegung und Revisionsrecht» und seinem Lehrbuch «Rechnungslegung im Gesellschaftsrecht» massgeblich beeinflusst hat.* Lukas Handschin war ein über die Schweiz hinaus anerkannter Spezialist des Handels- und Gesellschaftsrechts, das er als Wissenschaftler, Professor und Rechtsanwalt massgeblich geprägt hat und auch nach seinem Tod am 15. April 2023 weiterhin prägen wird. Sein Lebenswerk wird weiterleben.

---

* Die Zahlenbeispiele und das Glossar stammen aus: HANDSCHIN LUKAS, Rechnungslegung im Gesellschaftsrecht, 2. A., Basel 2016. Das Buch vertieft die in dieser «nutshell» angesprochenen Themen und stellt die Bezüge zum Gesellschaftsrecht her.

Schliesslich möchte ich von Herzen meiner Frau Dr. iur. Rebecca Vionnet und meinen Kindern Madlaina und Albert für ihre Liebe und Unterstützung danken.

Folgenden Personen möchte ich für ihre Unterstützung für die älteren Auflagen danken: Die KPMG AG hat durch ihre Finanzierung einer «KPMG-Assistenz für Rechnungslegungsrecht» die Aufbereitung des Stoffes für die Vorlesung und dieses Buch wesentlich erleichtert. Weiter danke ich Prof. Dr. Reto Eberle (KPMG) für die fachliche Diskussion und Durchsicht des Manuskripts, Dr. iur. Indre Steinemann, LL.M., Rechtsanwalt, Dr. iur. Daniel Küpfer und Dr. iur. Michael Wyttenbach (1. Auflage), lic. iur. Patrick Simon, Daniel Widmer, MLaw, und Dominik Wasmer, BLaw (2. Auflage), sowie dem Team des Dike Verlags.

Basel, im August 2023   Flurin Vionnet-Riederer

Inhaltsübersicht

Vorwort	V
Inhaltsverzeichnis	IX
Abkürzungsverzeichnis	XIX
Glossar	XXIII

1. Teil Grundlagen — 1
§ 1 Ziel der Rechnungslegung — 1
§ 2 Rechnungslegung als Schlüsseldisziplin im Gesellschaftsrecht — 2
§ 3 Pflicht zur Rechnungslegung — 6
§ 4 Rechnungslegungsvorschriften (Quellen) — 7
§ 5 Swiss GAAP FER — 11
§ 6 IFRS — 14
§ 7 Auslegung der Rechnungslegungsvorschriften — 22

2. Teil Jahresabschluss — 25
§ 8 Funktion des Jahresabschlusses — 25
§ 9 Grundsätze ordnungsmässiger Rechnungslegung — 28
§ 10 Bestandteile des Jahresabschlusses — 45
§ 11 Bilanz *(Statement of financial position)* — 48
§ 12 Erfolgsrechnung bzw. Gewinn- und Verlustrechnung — 52
§ 13 Anhang (Notes to financial statement) — 57
§ 14 Eigenkapitalveränderungsrechnung — 69
§ 15 Cash-Flow-Rechnung *(Cash flow statement)* — 70
§ 16 Lagebericht — 81

3. Teil Bewertungsvorschriften — 83
§ 17 Bewertungsgrundsätze im Allgemeinen — 83
§ 18 Umlauf- und Anlagevermögen — 89
§ 19 Abschreibungen und Wertberichtigungen — 99
§ 20 Fremdkapital — 104

§ 21 Rückstellungen — 105
§ 22 Eigenkapital — 110
§ 23 Stille Reserven — 115

4. Teil Konzernrechnungslegung — 119
§ 24 Konzernbegriff — 119
§ 25 Konsolidierung – die einheitliche Betrachtung
der wirtschaftlichen Einheit — 120
§ 26 Vornahme der konsolidierten Konzernrechnung — 123
§ 27 Bilanzkonsolidierung — 132
§ 28 Erfolgsrechnungskonsolidierung — 144
§ 29 Konzern-Cash-Flow-Rechnung — 145

5. Teil Revisionsrecht — 147
§ 30 Grundlagen — 147
§ 31 Revisionspflicht — 148
§ 32 Ordentliche und eingeschränkte Revision — 150
§ 33 Revisionsstelle — 159

6. Teil Unternehmensbewertung — 161
§ 34 Grundlagen — 161
§ 35 Bewertungsmethoden — 162

Sachregister — 167

Inhaltsverzeichnis

Vorwort	V
Inhaltsübersicht	VII
Abkürzungsverzeichnis	XIX
Glossar	XXIII

1. Teil Grundlagen — 1

§ 1 Ziel der Rechnungslegung — 1

§ 2 Rechnungslegung als Schlüsseldisziplin im Gesellschaftsrecht — 2
1. Begriff des Unternehmens und des Unternehmensanteils — 2
2. Beurteilung der Risikofähigkeit eines Unternehmens; Bezug zum Eigenkapital — 3
3. Kapitalschutz — 3
4. Rechnungslegung in der Krise — 4

§ 3 Pflicht zur Rechnungslegung — 6
1. Grundlagen — 6
2. Aufbewahrung und Form — 6

§ 4 Rechnungslegungsvorschriften (Quellen) — 7
1. Grundlagen — 7
2. Rolle des Handbuchs der Wirtschaftsprüfung (HWP) — 8
3. Rechnungslegungsstandards/Regelwerke — 8
4. Rechnungslegungsstandards als Auslegungshilfe — 10

§ 5 Swiss GAAP FER — 11
1. Grundlagen — 11
2. Rahmenkonzept der Swiss GAAP FER — 12
3. Fachempfehlungen der Swiss GAAP FER — 12

Inhaltsverzeichnis

§ 6	IFRS	14
	1. Grundlagen	14
	2. Grundstruktur des IFRS	14
	3. Übersicht Framework	15
	4. Übersicht über die Standards	16
	5. Interpretationen des International Financial Reporting Interpretations Committee (IFRIC bzw. SIC)	19
§ 7	Auslegung der Rechnungslegungsvorschriften	22
	1. Aufbau des Rechnungslegungsrechts	22
	2. Vorgehensweise bei der Auslegung	23
	3. Regelwerk als Transformationsfaktor	23

2. Teil Jahresabschluss — 25

§ 8	Funktion des Jahresabschlusses	25
	1. Grundlagen	25
	2. Vorsicht oder Wahrheit?	26
	3. Zwischenabschluss	26
§ 9	Grundsätze ordnungsmässiger Rechnungslegung	28
	1. Unternehmensfortführung *(Going concern)*	28
	a. Grundlagen	28
	b. Auswirkung der Fortführungsfähigkeit auf die Bewertung	28
	c. Quellen	31
	2. Wesentlichkeit, Vollständigkeit und Bedeutsamkeit *(Materiality, completeness and relevance)*	31
	3. Verlässlichkeit, Glaubwürdige Darstellung und Klarheit/Verständlichkeit *(Reliability, faithful representation and understandability)*	32
	4. Vergleichbarkeit *(Comparability)*	33
	5. Vorsicht *(Prudence)*	34
	6. Imparitätsprinzip	35
	7. Bruttoprinzip/Verrechnungsverbot und Saldierungsverbot *(Offsetting)*	36

	8.	Wirtschaftliche Betrachtungsweise *(Substance over form)*	37
	9.	Periodenabgrenzung	38
		a. Grundlagen	38
		b. Transitorische Posten/ Rechnungsabgrenzungsposten	39
		c. Quellen	43
	10.	Neutralität *(Neutrality)*	43
	11.	Zeitnähe *(Timeliness)*	44
	12.	Kosten-Nutzen-Verhältnis *(Cost-benefit balance)*	44
§10	Bestandteile des Jahresabschlusses		45
	1.	Grundlagen	45
	2.	Weitere Berichterstattungspflichten	46
		a. Vergütungsbericht	46
		b. Transparenz über nichtfinanzielle Belange	47
		c. Transparenz bei Rohstoffunternehmen	47
		d. Sorgfalts- und Transparenzpflichten bezüglich Konfliktmineralien und Kinderarbeit	47
§11	Bilanz *(Statement of financial position)*		48
	1.	Bilanz nach OR und Swiss GAAP FER	48
	2.	Bilanz nach IFRS	50
§12	Erfolgsrechnung bzw. Gewinn- und Verlustrechnung		52
	1.	Grundlagen	52
	2.	Produktionserfolgsrechnung (Gesamtkostenverfahren)	53
	3.	Absatzerfolgsrechnung *(Umsatzkostenverfahren)*	54
	4.	Wahl zwischen Umsatz- oder Gesamtkostenverfahren	55
§13	Anhang *(Notes to financial statement)*		57
	1.	Grundlagen	57
	2.	Angabe der Rechnungslegungsmethoden (Art. 959c Abs. 1 Ziff. 1 OR)	57

Inhaltsverzeichnis

3. Angaben, Aufschlüsselungen und Erläuterungen zu Positionen von Bilanz und Erfolgsrechnung (Art. 959c Abs. 1 Ziff. 2 OR) ... 57
4. Gesamtbetrag der aufgelösten stillen Reserven (Art. 959c Abs. 1 Ziff. 3 OR) ... 58
5. Weitere vom Gesetz verlangte Angaben (Art. 959c Abs. 1 Ziff. 4 OR) ... 58
6. Firma oder Name sowie Rechtsform und Sitz des Unternehmens (Art. 959c Abs. 2 Ziff. 1 OR) ... 59
7. Angaben zu den Vollzeitstellen (Art. 959c Abs. 2 Ziff. 2 OR) ... 59
8. Beteiligungen (Art. 959c Abs. 2 Ziff. 3 OR) ... 60
9. Eigene Anteile/Aktien (Art. 959c Abs. 2 Ziff. 4 und 5 OR) ... 60
10. Restbetrag der Verbindlichkeiten aus kaufvertragsähnlichen Leasinggeschäften ... 61
11. Verbindlichkeiten gegenüber Vorsorgeeinrichtungen (Art. 959c Abs. 2 Ziff. 7 OR) ... 61
12. Gesamtbeträge der Sicherheiten für Verbindlichkeiten Dritter (Art. 959c Abs. 2 Ziff. 8 OR) ... 62
13. Gesamtbeträge der zur Sicherung eigener Verbindlichkeiten verpfändeten oder abgetretenen Aktiven sowie der Aktiven unter Eigentumsvorbehalt (Art. 959c Abs. 2 Ziff. 9 OR) ... 62
14. Eventualverpflichtungen (derivative Finanz-instrumente, Abnahme- und Lieferverpflichtungen sowie ähnliche Positionen; Art. 959c Abs. 2 Ziff. 10 OR) ... 63
15. Beteiligungsrechte und Optionen zu Gunsten von Mitarbeitern (Art. 959c Abs. 2 Ziff. 11 OR) ... 64

	16. Erläuterungen zu weiteren bedeutenden oder aussergewöhnlichen Einflüssen auf die Jahresrechnung (Art. 959c Abs. 2 Ziff. 12 OR)	64
	17. Wesentliche Ereignisse nach dem Bilanzstichtag (Art. 959c Abs. 2 Ziff. 13 OR)	65
	18. Allenfalls Gründe, die zum vorzeitigen Rücktritt oder zur Abberufung der Revisionsstelle geführt haben (Art. 959c Abs. 2 Ziff. 14 OR)	65
	19. Kapitalerhöhungen und Kapitalherabsetzungen, innerhalb des Kapitalbands (Art. 959c Abs. 2 Ziff. 15 OR)	66
	20. Angaben zu ausstehenden Anleihensobligationen	66
	21. Angaben über Gegenstand und Betrag von Aufwertungen	67
	22. Brandversicherungswerte der Sachanlagen	67
	23. Aussergewöhnliche Risiken	68
§14	Eigenkapitalveränderungsrechnung	69
§15	Cash-Flow-Rechnung *(Cash flow statement)*	70
	1. Grundlagen	70
	2. Operativer Cash-Flow/Cash-Flow aus Betriebstätigkeit *(Operations activities/cash flow from operations)*	72
	3. Cash-Flow aus der Investitionstätigkeit *(Investing activities)*	74
	4. Cash-Flow aus der Finanzierungstätigkeit *(Financing activities)*	74
	5. Freier Cash-Flow *(Free cash flow)*	75
	6. Notwendigkeit der Gliederung der Cash-Flow-Rechnung in die drei Bereiche der Geschäftstätigkeit, der Investitionstätigkeit und der Finanzierungstätigkeit	75
	7. Funktion der Cash-Flow-Rechnung im System der finanziellen Berichterstattung	77
§16	Lagebericht	81

Inhaltsverzeichnis

3. Teil Bewertungsvorschriften — 83

§ 17 Bewertungsgrundsätze im Allgemeinen — 83
1. Grundlagen — 83
2. Fremdwährungsumrechnung — 83
3. Latente Steuern — 84
4. Annahme der Fortführung *(Going concern)* — 85
5. Grundsatz der Einzelbewertung — 85
6. Höchstwertprinzip — 87
7. Niederstwertprinzip/Vorsichtsprinzip — 88
8. Stichtagsprinzip — 88

§ 18 Umlauf- und Anlagevermögen — 89
1. Grundlagen — 89
2. Flüssige Mittel/Forderungen — 89
3. Vorräte und nicht fakturierte Dienstleistungen — 90
4. Aktiven mit beobachtbaren Marktpreisen (Wertschriften und Handelswaren) — 91
5. Anlagen in Produktion — 94
6. Anlagevermögen — 94
   a. Grundlagen — 94
   b. Beteiligungen — 95
   c. Aufwertung von Anlagevermögen auf den Ertragswert — 95
   d. Quellen — 96
7. Immaterielle Werte — 96
8. Ausnahme: Bewertung zum Zeitwert und nicht zum Anschaffungs- oder Herstellungswert nach OR — 97
   a. Grundlagen — 97
   b. Aufwertung bei Kapitalverlust — 97

§ 19 Abschreibungen und Wertberichtigungen — 99
1. Grundlagen — 99
2. Abschreibungen — 99
3. Wertberichtigungen — 101
4. Wertaufholungen — 103
5. Quellen — 103

§ 20 Fremdkapital — 104
1. Bewertung von Verbindlichkeiten — 104
   a. Grundlagen — 104
   b. Historische Werte *(Historical cost)* — 104
   c. Aktuelle Werte *(Fair value)* — 104
2. Eventualverbindlichkeiten — 104

§ 21 Rückstellungen — 105
1. Grundlagen — 105
2. 50-Prozent-Regel — 107
3. Offenlegung der Rückstellung — 108
4. Rückstellung für zukünftige Aufwendungen? — 108
5. Auflösung der Rückstellung — 109
6. Quellen — 109

§ 22 Eigenkapital — 110
1. Grundlagen — 110
2. Die Anwendbarkeit der rechnungslegungsrechtlichen Vorschriften — 111
3. Aktienkapital in Fremdwährung und neue Möglichkeit der Stückelung — 112
4. Eigene Aktien — 112
5. Kapitalband — 113
6. Verrechnung von Verlusten — 114
7. Zwischendividende — 114

§ 23 Stille Reserven — 115
1. Begriff — 115
   a. Grundlagen — 115
   b. Stille Zwangsreserven — 115
   c. Stille Ermessensreserven — 115
   d. Stille Willkürreserven — 116
   e. Unzulässige stille Reserven — 116
2. Wiederbeschaffungsreserven — 116
3. Weitere stille Reserven — 117
4. Dokumentation und Offenlegung der stillen Reserven — 117
5. Quellen — 117

4. Teil Konzernrechnungslegung — 119

§24 Konzernbegriff — 119
1. Mehrheit von Unternehmen — 119
2. Wirtschaftliche Einheit — 119
3. Kontrolle — 119

§25 Konsolidierung – die einheitliche Betrachtung der wirtschaftlichen Einheit — 120
1. Grundlagen — 120
2. Funktion der konsolidierten Konzernrechnung — 120
3. Konsolidierungspflicht — 121
4. Konsolidierungskreis — 122

§26 Vornahme der konsolidierten Konzernrechnung — 123
1. Grundlagen — 123
2. Vollkonsolidierung — 125
   a. Grundlagen — 125
   b. Vornahme der Konsolidierung — 125
3. Quotenkonsolidierung — 127
   a. Grundlagen — 127
   b. Vornahme der Konsolidierung — 128
4. Equity-Methode — 129
   a. Grundlagen — 129
   b. Anwendung der Equity-Methode — 129
5. Beteiligungen unter 20 Prozent — 131
6. Quellen — 131

§27 Bilanzkonsolidierung — 132
1. Grundlagen — 132
2. Konsolidierung von konzerninternen Schulden und Forderungen — 132
3. Bilanzierung von Anteilen an Tochterunternehmen — 134
   a. Grundlagen — 134
   b. Goodwill — 136
      aa. Erstkonsolidierung — 136
      bb. Folgekonsolidierung — 138

		c.	Badwill	139
		aa.	Grundlagen	139
		bb.	Erstkonsolidierung	139
		cc.	Folgekonsolidierung	141
	4.		Konsolidierung von Eventualverbindlichkeiten	141
	5.		Beispiel Bilanzkonsolidierung (100-Prozent-Beteiligungen)	141

§ 28 Erfolgsrechnungskonsolidierung 144
1. Grundlagen 144
2. Dividendenkonsolidierung 144
3. Behandlung von Zwischengewinnen 144

§ 29 Konzern-Cash-Flow-Rechnung 145
1. Grundlagen 145
2. Gefahren der konsolidierten Cash-Flow-Rechnung 145

5. Teil   Revisionsrecht 147

§ 30 Grundlagen 147

§ 31 Revisionspflicht 148
1. Grundlagen 148
2. Verzicht auf Prüfung *(Opting-out)* 149
3. Erweiterter Prüfungsumfang *(Opting-up)* 149
4. Verringerter Prüfungsumfang *(Opting-down)* 150
5. Freiwillige Revision *(Opting-in)* 150

§ 32 Ordentliche und eingeschränkte Revision 150
1. Prüfungsstandards 150
2. Ordentliche Revision 151
   a. Grundlagen 151
   b. Planung der Revision 152
   c. Durchführung der Prüfung 153
      aa. Grundlagen 153
      bb. Systemprüfung 153
      cc. Analytische Prüfung 154
      dd. Detailprüfung 154

		d. Prüfungsurteil (Berichterstattung)	154
		e. Internes Kontrollsystem	155
	3.	Eingeschränkte Revision	155
		a. Grundlagen	155
		b. Durchführung der eingeschränkten Revision	156
		c. Berichterstattung/Prüfungsaussage	157
	4.	Unterschiede zwischen eingeschränkter und ordentlicher Revision	157

§ 33 Revisionsstelle — 159
1. Kategorien der Prüfer — 159
2. Unabhängigkeit — 160

6. Teil   Unternehmensbewertung — 161

§ 34 Grundlagen — 161

§ 35 Bewertungsmethoden — 162
1. Substanzwertmethode — 162
2. Ertragswertmethode — 162
3. Praktikermethode — 163
4. Discounted-Cash-Flow-Methode (DCF) — 163
5. Marktwertmethode — 164
6. EBIT-Methode — 165

Sachregister — 167

Abkürzungsverzeichnis

Abs.	Absatz
AG	Aktiengesellschaft
AHV	Alters- und Hinterlassenenversicherung
Art.	Artikel
AV	Anlagevermögen
BankV	Verordnung über die Banken und Sparkassen vom 17. Mai 1972 (SR 952.02)
Bet.	Beteiligung
bspw.	beispieslweise
BVG	Bundesgesetz über die berufliche Alters-, Hinterlassenen- und Invalidenvorsorge vom 25. Juni 1982 (SR 831.40)
bzw.	beziehungsweise
CC	Complete Contract
CGU	Cash Generating Unit
CHF	Schweizer Franken
DCF	Discounted Cash Flow
d.h.	das heisst
EBIT	Earnings Before Interest and Taxes
EBITDA	Earnings Before Interest, Taxes, Depreciation
EK	Eigenkapital
etc.	et cetera
EU-IFRS	von der europäischen Union annerkannte International Financial Reporting Standards
E-ZGB	Entwurf Zivilgesetzbuch
f./ff.	und folgende (Note[n], Seite[n] etc.)
FASB	Financial Accounting Standards Board
FER	Fachempfehlungen zur Rechnungslegung

Abkürzungsverzeichnis

FINMA	Eidgenössische Finanzmarktaufsicht
FK	Fremdkapital
FusG	Bundesgesetz über Fusion, Spaltung, Umwandlung und Vermögensübertragung vom 3. Oktober 2003 (SR 221.301)
GAAP	Generally Accepted Accounting Principles
GmbH	Gesellschaft mit beschränkter Haftung
GzA	Grundsätze zur Abschlussprüfung
HRegV	Handelsregisterverordnung vom 17. Oktober 2007 (SR 221.411)
HWP	Schweizer Handbuch für Wirtschaftsprüfung
IAS	International Accounting Standards
IASB	International Accounting Standards Board
IASC	International Accounting Standards Committee
IFRIC	International Financial Reporting Interpretations Committee
IFRS	International Financial Reporting Standards
IKS	internes Kontrollsystem
IN	Introduction (Einführung)
inkl.	inklusive
insb.	insbesondere
ISA	International Standards on Auditing
ISA-CH	Bezeichnung für Schweizer Standards zur Abschlussprüfung, herausgegeben von der EXPERTsuisse
ISRE-CH	International Standards on Review Engagements der Schweiz
IV	Invalidenversicherung
lit.	litera
KMU	kleine und mittlere Unternehmen
M	Muttergesellschaft

Abkürzungsverzeichnis

m.a.W.	mit anderen Worten
N	Note (Hochzahl)
OR	Schweizerisches Obligationenrecht vom 30. März 1911 (SR 220)
POC	Percentage of Completion
PS	(Schweizer) Prüfungsstandards (der Treuhand-Kammer; neu ISA-CH der EXPERTsuisse)
RAG	Revisionsaufsichtsgesetz vom 16. Dezember 2005 (SR 221.302)
resp.	respektive
RHB	Revisionshandbuch der Schweiz
s.	siehe
S.	Seite(n)
SIC	Standing Interpretations Committee
sog.	sogenannt
SR	Systematische Sammlung des Bundesrechts
Swiss GAAP FER	Schweizerische Fachempfehlungen zur Rechnungslegung
SIX	Swiss Exchange (Schweizer Börse)
T	Tochtergesellschaft
USA	Vereinigte Staaten von Amerika
US-GAAP	Generally Accepted Accounting Principles der USA
usw.	und so weiter
u.U.	unter Umständen
vgl.	vergleiche
z.B.	zum Beispiel
ZGB	Schweizerisches Zivilgesetzbuch vom 10. Dezember 1907 (SR 210)
Ziff.	Ziffer

Glossar

Absatzerfolgsrechnung In der Absatzerfolgsrechnung (auch Umsatzkostenverfahren) werden die Aufwendungen nach ihrer funktionalen Zugehörigkeit als Bestandteile der Umsatzkosten unterteilt, beispielsweise in Aufwendungen für Vertriebs- oder Verwaltungsaktivitäten. Diese Methode liefert den Adressaten oft aussagekräftigere Informationen als die Aufteilung nach Aufwandsarten.

Abschreibung Bewertungskorrektur als Folge eines geplanten nutzungsbedingten Wertverlustes. Abschreibungen führen zu einer periodengerechten Verteilung der Anschaffungs- oder Herstellungskosten. Ihr Ausmass hängt von der Lebens- und Nutzungsdauer des fraglichen Aktivums ab. Die Wertkorrektur erfolgt nach den allgemein anerkannten kaufmännischen Grundsätzen linear oder proportional.

Agio Differenzbetrag zwischen dem Ausgabebetrag und dem nominellen Aktien- oder Stammkapital. Das Agio ist der gesetzlichen Kapitalreserve zuzuweisen.

Aktiven Die Bilanz zeigt unter der Kolonne «Aktiven» die Mittelverwendung (Werte des Unternehmens).

Aktiven mit beobachtbaren Marktpreisen Sammelbegriff (Art. 960b OR) für Wertschriften und Handelswaren und vergleichbare Aktiven mit einem Börsenkurs oder einem ausserbörslich festgelegten Marktpreis als Teil des Umlaufvermögens, bei denen die Bewertung zum Zeitwert zulässig ist, auch wenn dieser gegenüber dem Erwerbswert höher ist. Die Regelwerke verstehen unter diesem Begriff auch Aktiven, die nicht einen Börsenwert oder einen vergleichbaren Wert haben.

Aktivieren, Aktivierungspflicht Aktivieren bedeutet, dass der Aufwand, der im Zusammenhang mit der Erstellung oder dem Erwerb eines bestimmten Wertes angefallen ist, als Aktivum in die Bilanz aufgenommen wird. Aktiviert werden müssen Vermögenswerte, wenn auf Grund vergangener Ereignisse über sie verfügt werden kann, ein Mittelzufluss wahrscheinlich ist und ihr Wert verlässlich geschätzt werden kann.

Allgemein anerkannte kaufmännische Grundsätze Siehe Grundsätze ordnungsmässiger Rechnungslegung.

Allgemeine gesetzliche Reserven Allgemeine gesetzliche Reserven sind gesetzliche Reserven. Von den Rechnungslegungsreserven unterscheiden sie sich vor allem dadurch, dass sie, wenn sie eine bestimmte Höhe erreicht haben, im Ermessen der Gesellschaft wieder aufgelöst werden können.

Anerkannte Standards zur Rechnungslegung Auch Regelwerke; die anerkannten Standards zur Rechnungslegung sind private, durch Branchenverbände geschaffene Normen, deren Anwendung teilweise freiwillig, teilweise aber auch gesetzlich vorgeschrieben ist. Die für die Schweizer Praxis relevanten Regelwerke sind die Swiss GAAP FER und die IFRS.

Anhang Der Anhang ergänzt und erläutert die Bilanz und Erfolgsrechnung und, sofern anwendbar, die Cash-Flow-Rechnung. Die im Anhang gemachten Angaben müssen sich auf die Rechnungslegung beziehen und objektiv, sachlich und nachprüfbar sein. Der Anhang unterliegt der Revision. Geschäftspolitische Erörterungen gehören in den Lage-/Jahresbericht.

Anlagevermögen Anlagen sind Werte, die in der Absicht langfristiger, über zwölfmonatiger Nutzung gehalten werden. Anlagevermögen wird darstellerisch sowohl im OR wie in den Regelwerken in Finanzanlagen, Sachanlagen und immaterielle Werte aufgeteilt.

Arbeitgeberbeitragsreserven Arbeitgeber können über den nach BVG geschuldeten Betrag hinaus Beitragszahlungen an eine Pensionskasse leisten. Diese Zusatzzahlungen führen bei der Pensionskasse zu sog. «Arbeitgeberbeitragsreserven». Obwohl der Arbeitgeber über diese Vermögenswerte verfügt hat, sind sie für ihn ein Vermögenswert, denn sie erlauben dem Arbeitgeber, künftige Ansprüche der Pensionskasse auf Leistung der Arbeitgeberbeiträge durch Verrechnung mit den Arbeitgeberbeitragsreserven zu tilgen. Dieser Ersparniswert im Umfang der verrechenbaren Arbeitgeberbeitragsreserve kann als Sachanlage aktiviert werden.

Aufwand Angabe in der Erfolgsrechnung. Aufwendungen stellen eine Abnahme des wirtschaftlichen Nutzens in der Berichtsperiode in Form von Abflüssen oder Verminderungen von Vermögenswerten oder eine Erhöhung von Schulden dar, die zu einer Abnahme des

Eigenkapitals führen, welche nicht auf Ausschüttungen an die Anteilseigner zurückzuführen ist.

Aufwertung liegt vor, wenn Grundstücke und Beteiligungen abweichend vom Grundsatz der Erstbewertung gemäss Art. 725c OR aufgewertet werden.

Aufwertungsreserve Siehe Neubewertungsreserve.

Available for sale Für alle finanziellen Vermögenswerte gilt nach IFRS, dass ihre Erst- und Folgebewertung davon abhängt, ob der Vermögenswert zu Handelszwecken gehalten *(held for trading)* wird oder zum Verkauf verfügbar ist *(available for sale)*. Bei *available for sale*-Vermögenswerten wird im Umfang der Wertsteigerung eine Neubewertungsreserve gebildet (anders bei den *held for trading*-Vermögenswerten, bei denen die Wertsteigerung erfolgswirksam ist).

Badwill Betrag der negativen Kapitalaufrechnungsdifferenz. Der aktivierte Wert der Beteiligung (z.B. als Kaufpreis) ist tiefer als das nominelle Eigenkapital der (Tochter-)Gesellschaft.

Barwert (Present value) Der Barwert (Present value) ist der Wert, der einer zukünftigen Zahlung in der Gegenwart zukommt. Er wird durch Abzinsung der zukünftigen Zahlung auf den gegenwärtigen Zeitpunkt ermittelt. Der Barwert ist somit tiefer als der Nominalwert (Tageswert).

Beizulegender Zeitwert abzüglich Veräusserungskosten (fair value less costs to sell) Der beizulegende Zeitwert entspricht dem Betrag, welcher durch den Verkauf des Vermögensgegenstandes zwischen sachverständigen, vertragswilligen und voneinander unabhängigen Geschäftspartnern vereinbart wird, abzüglich der Verfügungskosten. Teilweise wird dafür auch der Begriff Netto-Marktwert (Net Selling Price) verwendet.

Belegprinzip Das Belegprinzip verlangt, dass alle Buchungsvorgänge mit einem schriftlichen Beleg zu dokumentieren sind. Dieser umfasst den Belegtext, den Buchungsbetrag, den Aussteller des Belegs und das Ausstellungsdatum.

Bestandesänderungen Angabe in der Erfolgsrechnung nach dem Gesamtkostenverfahren. Bestandesänderungen von unfertigen (Halbfabrikate) und fertigen (Fertigfabrikate) Erzeugnissen und nicht fakturierten Dienstleistungen sind gesondert auszuweisen.

Beteiligungen Beteiligungen sind Anteile am Kapital anderer Unternehmen, die mit der Absicht dauernder Anlage gehalten werden und einen massgeblichen Einfluss vermitteln.

Betriebsrechnung Siehe Erfolgsrechnung.

Bilanz Die Bilanz ist ein Abbild des Unternehmens an einem bestimmten Stichtag. Sie erteilt Auskunft über die Vermögenswerte, das Eigenkapital, die Verbindlichkeiten und die Rückstellungen. Die Bilanz zeigt unter der Kolonne «Passiven» die Mittelherkunft (Eigenkapital, Gewinnvorträge, Fremdkapital) und unter der Kolonne «Aktiven» die Mittelverwendung (Werte des Unternehmens). Die aufgelaufenen Verluste werden unter den Passiven als Minusziffer aufgeführt.

Bilanzgewinn Der Bilanzgewinn setzt sich aus dem Jahresgewinn bzw. Jahresverlust, der sich grundsätzlich aus der Gegenüberstellung von Aufwand und Ertrag des letzten Geschäftsjahres ergibt, und dem nicht ausgeschütteten oder den Reserven zugewiesenen Bilanzgewinn des Vorjahres zusammen.

Bilanzstichtag Zeitpunkt auf den die Jahresrechnung bezogen wird.

Bilanzverlust Der Bilanzverlust setzt sich aus dem Jahresgewinn bzw. Jahresverlust, der sich grundsätzlich aus der Gegenüberstellung von Aufwand und Ertrag des letzten Geschäftsjahres ergibt, und dem Bilanzverlust des Vorjahres zusammen.

Bruttoprinzip Siehe Verrechnungs- und Saldierungsverbot.

Buchungssatz Jede Buchung im System der doppelten Buchführung betrifft zwei Konten. Die Buchungssätze bringen zum Ausdruck, welche Konten von der Buchung betroffen sind. Methodisch wird dabei immer vom Soll zum Haben verwiesen.

Buchwert Der Buchwert ist der gestützt auf die anwendbaren Bewertungsvorschriften festgehaltene Wert eines Aktivums in der Bilanz. Oft ist der Buchwert tiefer als der wirkliche Wert. Dies ist dann der Fall, wenn bspw. Bewertungsvorschriften die Abbildung von Wertsteigerungen nicht zulassen oder wenn durch übertriebene Wertberichtigungen stille Reserven gebildet worden sind.

Cash-Flow-Rechnung Die Cash-Flow-Rechnung (Geld-, Mittel- bzw. Kapitalflussrechnung, *cash flow statement*) beschreibt die Geldflüsse, englisch *cash flow*, im Unternehmen, gegliedert in Geldflüsse aus Geschäftstätigkeit, Investitionstätigkeit und Finanzierungstätigkeit. Sie ist nach Swiss GAAP FER und IFRS generell und nach OR für grosse Unternehmen vorgeschrieben.

Cash Generating Unit (CGU) Begriff aus den IFRS: Kleinste identifizierbare Gruppe von Vermögenswerten, die Mittelflüsse (Cash-Flows) erzeugt, welche weitgehend unabhängig von den Mittelzuflüssen (Cash-Flows) anderer Vermögenswerte oder Vermögenswertgruppen sind. Die CGU wird unter anderem für die Festlegung des Nutzwertes und die Bewertung des Goodwills im Rahmen der Konsolidierung verwendet.

Cashpool Einheitliche Liquiditätsverwendung im Konzern.

Complete-Contract-Methode (CC-Methode) Methode für die Bewertung langfristiger Aufträge. Die Complete-Contract-Methode (sog. «CC-Methode»; Methode der Gewinnrealisierung nach Fertigstellung) ergibt sich aus dem allgemeinen Grundsatz, wonach Erträge aus selbst geschaffenen Werten erst erfolgswirksam sind, wenn sie anfallen (anders die Percentage-of-Completion-Methode, sog. «POC-Methode»; Bewertung nach anteiligem Fertigungsfortschritt, bei der ein allfälliger Gewinn anteilsmässig berücksichtigt wird, sofern die Realisierung mit genügender Sicherheit feststeht).

Derivate Derivate sind Forderungen oder Finanzinstrumente, deren Bestand oder Wert sich infolge einer Änderung eines bestimmten Zinssatzes, Aktienwerts, Rohstoffpreises, Wechselkurses etc. verändert und der zu einem späteren Zeitpunkt beglichen wird. Derivate können eine besondere Form der Eventualforderungen sein.

Discounted Cash Flow (DCF) Der DCF ist der abgezinste Free Cash Flow. Er wird ausgehend vom Free Cash Flow unter Berücksichtigung der Dauer, des allgemeinen Zinsniveaus und der spezifischen Risiken errechnet. Der DCF wird beispielsweise in der Unternehmensbewertung verwendet, wenn eine Investition in das Eigenkapital eines bestimmten Unternehmens geprüft werden soll.

Doppelte Buchführung Der Begriff der doppelten Buchführung umschreibt zum einen die Art der Buchführung, bei der jeder Geschäftsfall zweifach erfasst wird, d.h., jeweils ein Konto auf der Haben-Seite und ein Konto auf der Soll-Seite berührt wird. Zum anderen wird unter der doppelten Buchführung die Buchführung verstanden, bei welcher neben den Bestandeskonten auch Erfolgskonten geführt werden.

EBIT-Methode Bei dieser Methode wird für die Berechnung des Unternehmenswerts auf den Nettoertrag vor Zinsen und Steuern abgestellt.

Eigene Aktien Der Erwerb eigener Aktien ist eine Rückerstattung von einbezahltem Kapital an Aktionäre.

Eigenkapital Das Eigenkapital besteht aus dem Gesellschaftskapital, den Rechnungslegungsreserven, den gesetzlichen und den statutarischen Reserven, den stillen Reserven und dem Gewinn. Das Eigenkapital ist der Differenzbetrag zwischen den Gesamtaktiven des Unternehmens und dem Fremdkapital. Es ist die Risikoreserve des Unternehmens.

Eigenkapitalveränderungsrechnung Die Eigenkapitalveränderungsrechnung zeigt für jedes Element des Eigenkapitals auf, wie es sich im Geschäftsjahr verändert hat und aus welchem Grund. Sie ist nach Swiss GAAP FER und IFRS, nicht aber nach OR vorgeschrieben.

Einzelbewertung Nach dem Prinzip der Einzelbewertung muss jeder Vermögenswert einzeln bewertet werden. Die Bilanz soll nicht nur gesamthaft, sondern auch in Bezug auf die Bewertung der einzelnen Aktiven richtig sein. Die Zusammenfassung gleichartiger Aktiven mit gleicher oder ähnlicher Nutzungsdauer in einer einzigen Bilanzposition ist jedoch zulässig, wenn die Mindestgliederungsvorschriften eingehalten werden.

Equity-Konsolidierung Die Equity-Konsolidierung erfolgt bei Unternehmen, über die keine Kontrolle, aber ein massgeblicher Einfluss ausgeübt wird. Nach der Equity-Methode wird das der Beteiligung entsprechende Eigenkapital inkl. Goodwill des assoziierten Unternehmens quotal konsolidiert.

Erfolgsrechnung Die Erfolgsrechnung (Gewinn- und Verlustrechnung, Betriebsrechnung, *income statement*) zeigt die Aufwendungen und Erträge einer Geschäftsperiode und stellt sie einander gegenüber, woraus sich das Ergebnis der Geschäftstätigkeit (Gewinn bzw. Verlust) ergibt. Die Erfolgsrechnung zeigt nicht nur liquiditätswirksame, sondern auch andere Veränderungen, beispielsweise Wertberichtigungen, Abschreibungen und Rückstellungen.

Erstbewertung Bei ihrer erstmaligen Erfassung werden Aktiven zu den Anschaffungs- oder Herstellungskosten bewertet. Mit dem Begriff Erstbewertung ist nicht die erstmalige Bewertung in der Bilanz gemeint, sondern der Zeitpunkt der ersten Erfassung im entsprechenden Bestandeskonto. Zeigt sich, dass der Wert überhöht war, oder sinkt der Wert bis zum Bilanzstichtag, ist in der Bilanz der tiefere Wert zu aktivieren.

Ertrag Angabe in der Erfolgsrechnung. Erträge (*income*) stellen eine Zunahme des wirtschaftlichen Nutzens in der Berichtsperiode in Form von Zuflüssen oder Erhöhungen von Vermögenswerten oder einer Abnahme von Schulden dar, die zu einer Erhöhung des Eigenkapitals führen, welche nicht auf eine Einlage der Anteilseigner zurückzuführen ist.

Ertragswertmethode Mit der Ertragswertmethode wird der Unternehmenswert im Hinblick auf den zu erwirtschaftenden Ertrag ermittelt.

EU-IFRS Die Übernahme der IFRS als EU-Recht erfolgt nicht durch einen direkten Verweis auf die jeweils aktuellen IFRS, sondern durch eine fortlaufende Übernahme der Änderungen in den IFRS in das EU-Recht. Das führt zu Unterschieden, sei es als Folge einer verzögerten Übernahme oder als Folge des Verzichts, bestimmte Entwicklungen ebenfalls nachzuvollziehen. Für die durch die EU übernommenen IFRS wird der Begriff «EU-IFRS» verwendet, um die ins EU-Recht übernommenen Bestimmungen besser von den IFRS abzugrenzen.

Eventualforderungen Eventualforderungen sind mögliche Vermögenswerte, die aus vergangenen Ereignissen resultieren und deren Bestehen durch das Eintreten oder Nichteintreten eines oder mehrerer unsicherer künftiger Ereignisse erst noch bestätigt werden muss, die nicht vollständig unter der Kontrolle des Unternehmens stehen. Sie dürfen nicht aktiviert werden.

Eventualverpflichtungen Eventualverpflichtungen sind mögliche Verpflichtungen, die aus vergangenen Ereignissen resultieren und deren Bestand durch das Eintreten oder Nichteintreten eines oder mehrerer unsicherer künftiger Ereignisse erst noch bestätigt wird, die nicht vollständig unter der Kontrolle des Unternehmens stehen. Ebenso können

Glossar

gegenwärtige Verpflichtungen aus vergangenen Ereignissen Eventualverpflichtungen darstellen. Dies ist dann der Fall, wenn der Ressourcenabfluss unwahrscheinlich ist oder nicht verlässlich geschätzt werden kann. Beispiele für Eventualverpflichtungen sind Bürgschafts- und Garantieverpflichtungen. Sie sind im Anhang anzugeben.

Fair Presentation Ziel der Rechnungslegung ist, den Adressaten der Jahresrechnung eine möglichst zuverlässige Beurteilung der Vermögens- und Ertragslage zu erlauben und Informationen über die Vermögens- und Finanzlage, deren Veränderung und die wirtschaftliche Leistungsfähigkeit eines Unternehmens darzustellen. Oft wird der Begriff der Fair Presentation für angelsächsisch geprägte Rechnungslegungsvorschriften und Regelwerkvorschriften verwendet.

Finanzanlagen Finanzanlagen sind langfristige Investitionen in Form von Forderungen (Darlehen), Wertpapieren mit und ohne Kurswert oder Beteiligungen. Sie dürfen höchstens zu Anschaffungskosten bewertet werden.

Finanzaufwand Angabe in der Erfolgsrechnung. Unter der Position «Finanzaufwand» werden Zinsaufwendungen Kapital(beschaffungs)kosten, Kursverluste und Wertberichtigungen auf Wertschriften des Umlaufvermögens und Kursverluste auf Fremdwährungsposten des Umlaufvermögens ausgewiesen.

Finanzertrag Angabe in der Erfolgsrechnung. Zur Position «Finanzertrag» gehören alle Zinserträge, Dividendenerträge aus Beteiligungen und Kursgewinnen auf Wertschriften des Umlaufvermögens. Der Zinsertrag aus Vermietung ist dagegen in einem separaten Posten (z.B. Mietertrag) auszuweisen.

Finanzielle Verbindlichkeiten Finanzielle Verbindlichkeiten umfassen eine vertragliche Verpflichtung, flüssige Mittel oder einen anderen finanziellen Vermögenswert an ein anderes Unternehmen zu leisten oder zu potentiell nachteiligen Bedingungen auszutauschen.

Finanzielle Vermögenswerte Finanzielle Vermögenswerte gehören zum Umlaufvermögen und umfassen flüssige Mittel und Forderungen und Wertschriften.

Flüssige Mittel Flüssige Mittel umfassen den Kassabestand, in- und ausländische Postkontoguthaben und kurzfristig verfügbare Bankguthaben. Nach schweizerischer Praxis gelten diejenigen Guthaben als kurzfristig, die innert einem halben Jahr liquide gemacht werden können. Die IFRS-Regel geht demgegenüber von einer dreimonatigen Frist aus.

Forderungen aus Lieferungen und Leistungen Forderungen aus Lieferungen und Leistungen umfassen alle unerfüllten Ansprüche gegenüber Dritten aus Lieferungen und Leistungen, die erbracht und bei denen der Anspruch auf Gegenleistung entstanden ist. In der Regel entspricht dies dem Zeitpunkt der Rechnungsstellung.

Framework Siehe Rahmenkonzept.

Free Cash Flow Der kombinierte Mittelfluss aus operativer und investiver Tätigkeit ist der Free Cash Flow. Der Free Cash Flow ist eine wichtige Kennzahl in der Unternehmensanalyse. Er zeigt auf, welche liquiden Mittel das Unternehmen für seine Finanzierung aufwenden kann.

Full-Goodwill-Methode Konsolidierungsmethode, bei der die Kapitalaufrechnungsdifferenz in das *fair value*-Eigenkapital der Tochter und den Goodwill aufgeteilt wird und beide, *fair value*-Eigenkapital (Eigenkapital der Tochter nach *fair value*-Ansätzen) und Goodwill voll konsolidiert werden.

Geldflussrechnung Siehe Cash-Flow-Rechnung.

Gesamtkostenverfahren Siehe Produktionserfolgsrechnung.

Geschäftsbericht Der Geschäftsbericht besteht aus der Jahresrechnung (Einzelabschluss), die sich aus der Bilanz, der Erfolgsrechnung und dem Anhang zusammensetzt. Bei grösseren Unternehmen kommen noch der Lagebericht und die Cash-Flow-Rechnung dazu, bei Konzernen die Konzernrechnung und in Regelwerkabschlüssen die Eigenkapitalveränderungsrechnung.

Gesellschaftskapital Das Gesellschaftskapital bildet den harten Kern des Eigenkapitals. Es ist bei der Aktiengesellschaft das Aktien- und das Partizipationskapital und bei der GmbH das Stammkapital. In der Aktiengesellschaft beträgt das Aktienkapital mindestens CHF 100'000. 20 % des Aktienkapitals, mindestens aber CHF 50'000 müssen einbezahlt (liberiert) werden. Das Stammkapital der GmbH beträgt mindestens CHF 20'000 und muss voll liberiert werden.

Gewinn Differenzbetrag, der sich ergibt, wenn der Erfolg in einer Rechnungsperiode höher ist als der Aufwand.

Gewinnreserve Allgemeine gesetzliche Reserven sind entweder Kapitalreserven oder Gewinnreserven. Die Gewinnreserve wird aus dem durch die Generalversammlung genehmigten Gewinn in zwei Stufen gebildet, bis diese Reserve schliesslich 50 % des einbezahlten Aktienkapitals erreicht hat. Holdinggesellschaften müssen die gesetzliche Gewinnreserve äufnen, bis diese zusammen mit der gesetzlichen Kapitalreserve 20 Prozent des im Handelsregister eingetragenen Aktienkapitals erreicht.

Gewinn- und Verlustrechnung Siehe Erfolgsrechnung.

Gewinnvortrag Siehe Bilanzgewinn.

Going concern Siehe Unternehmensfortführung.

Goodwill Betrag der positiven Kapitalaufrechnungsdifferenz. Der aktivierte Wert der Beteiligung (z.B. als Kaufpreis) ist höher als das nominelle Eigenkapital der (Tochter-)Gesellschaft.

Grundsätze ordnungsmässiger Buchführung Geschäftsvorfälle und Sachverhalte müssen vollständig, wahrheitsgetreu und systematisch erfasst werden. Die vollständig erfassten Daten müssen nach dem Grundsatz der Wahrheit unverfälscht und richtig und in dem Zeitpunkt verbucht werden, in dem sie rechtlich oder wirtschaftlich wirksam werden. Alle Buchungsvorgänge sind mit einem Beleg zu dokumentieren (Belegprinzip). Die Buchführung muss einem fachkundigen Leser mühelos verständlich sein. Die Buchführung muss nachprüfbar sein.

Grundsätze ordnungsmässiger Rechnungslegung Die Grundsätze ordnungsmässiger Rechnungslegung sind die minimalen, eher pragmatisch umschriebenen Anordnungen an die Rechnungslegung.

Handbuch der Wirtschaftsprüfung (HWP) Herausgegeben von der Kommission für Wirtschaftsprüfung der EXPERTsuisse (vormals Schweizerischen Kammer der Wirtschaftsprüfer und Steuerexperten). Das HWP ist das Standardwerk für Lehre und Praxis. Es fasst die anerkannten Grundsätze ordnungsmässiger Buchführung und Rechnungslegung zusammen.

Handelsbilanz Nach handelsrechtlichen (in der Schweiz obligationenrechtlichen) Vorschriften erstellte Bilanz.

Held for trading Für alle finanziellen Vermögenswerte gilt nach IFRS, dass ihre Erst- und Folgebewertung davon abhängt, ob der Vermögenswert zu Handelszwecken gehalten *(held for trading)* wird oder zum Verkauf verfügbar *(available for sale)* ist. Bei *held for trading*-Vermögenswerten ist die Wertsteigerung erfolgswirksam (anders bei den *available for sale*-Vermögenswerten, bei denen im Umfang der Wertsteigerung eine Neubewertungsreserve gebildet wird).

IAS Siehe IFRS.

IFRS Die IFRS («International Financial Reporting Standards») sind ein Rechnungslegungsstandard für grosse Unternehmen; in vielen Fällen ist ihre Anwendung für börsenkotierte Unternehmen vorgeschrieben. Bis März 2002 wurden die IFRS als «International Accounting Standards» (IAS) bezeichnet. Die IFRS werden vom «International Accounting Standards Board» (IASB) herausgegeben. Sie sind äusserst detailliert und anspruchsvoll in der Anwendung.

IFRS für KMU Die IFRS für KMU wurden im Juli 2009 publiziert. Nachdem der Exposure Draft zu den IFRS für KMU noch zahlreiche Verweise auf den Full IFRS enthielt – was stark kritisiert wurde –, ist die definitive Ausgestaltung nun komplett von den Full IFRS abgekoppelt.

Immaterielle Werte Immaterielle Werte sind Vermögenswerte, die weder Sachen noch Forderungen sind. Sie sind sowohl nach den Vorschriften des OR wie auch der Regelwerke als Anlagevermögen grundsätzlich zu den Anschaffungs- bzw. Herstellungskosten unter Abzug der nötigen Abschreibungen aktivierbar.

Impairment Siehe Wertberichtigung.

Imparitätsprinzip Anwendungsfall des Vorsichtsprinzips; es verlangt, dass Erträge erst ausgewiesen werden dürfen, wenn sie feststehen oder realisiert sind, Aufwand dagegen schon dann, wenn er sich für die Rechnungsperiode bloss aktualisiert.

Jahresrechnung Teil des Geschäftsberichts. Setzt sich zusammen aus der Bilanz, der Erfolgsrechnung und dem Anhang. Bei grösseren Unternehmen kommt noch die Cash-Flow-Rechnung dazu, bei Konzernen die Konzernrechnung und in Regelwerkabschlüssen die Eigenkapitalveränderungsrechnung.

Kapitalaufrechnungsdifferenz Differenzbetrag zwischen dem Eigenkapital der Tochter und dem Beteiligungsbuchwert in der Bilanz der Mutter. Die Kapitalaufrechnungsdifferenz ist positiv, wenn der Beteiligungsbuchwert der Tochtergesellschaft höher ist als deren Eigenkapital (Goodwill), bzw. negativ, wenn der Beteiligungsbuchwert tiefer ist (Badwill). Eine positive Kapitalaufrechnungsdifferenz bedeutet, dass der aktivierte Wert der Beteiligung (z.B. als Kaufpreis) höher ist als das nominelle Eigenkapital der (Tochter)Gesellschaft.

Kapitalerhaltung Der Grundsatz der Kapitalerhaltung soll bewirken, dass Ausschüttungen an Gesellschafter nur unter besonders qualifizierten Voraussetzungen und gestützt auf spezielle Verfahren erfolgen.

Kapitalflussrechnung Siehe Cash-Flow-Rechnung.

Kapitalreserve Allgemeine gesetzliche Reserven sind entweder Kapitalreserven oder Gewinnreserven. Zur Kapitalreserve gehört insbesondere der Erlös, der bei der Ausgabe von Aktien über den Wert und die Ausgabekosten hinaus erzielt wird (Agio), und ein aus einer Kapitalherabsetzung sich ergebender Buchgewinn.

Kapitalverlust entsteht, wenn die Aktiven abzüglich der Verbindlichkeiten die Hälfte der Summe aus Aktienkapital, nicht an die Aktionäre zurückzahlbarer gesetzlicher Kapitalreserve und gesetzlicher Gewinnreserve nicht mehr decken.

Kaufvertragsähnliche Leasinggeschäfte (Finance lease) Kaufvertragsähnliche Leasinggeschäfte sind langfristige Mietverträge über Anlagevermögen, die dem Unternehmen einen Nutzen verschaffen, der wirtschaftlich mit Eigentum vergleichbar ist.

Klarheit Die Jahresrechnung entspricht dem Grundsatz der Klarheit, wenn sie übersichtlich und sachgerecht gegliedert ist, nur gleichartige Posten zusammenfasst und zutreffend bezeichnet sowie nötigenfalls durch Erläuterungen im Anhang ergänzt wird und Inhalt und Darstellung das den tatsächlichen Verhältnissen entsprechende Bild der Organisation wiedergeben.

Konsolidierung Die Konsolidierung ist die einheitliche Betrachtung der wirtschaftlichen Einheit. Dabei bleiben sämtliche konzerninternen Verhältnisse unbeachtet und werden eliminiert. Es zählen einzig die Beziehungen des Konzerns mit Dritten. Die Konsolidierung verhindert, dass die Vermögenslage des Konzerns durch überhöhte Bilanzsummen und unterschiedliche Bewertungen einzelner Bilanzposten verzerrt wiedergegeben wird; sie eliminiert die Addition von Eigenkapital, die sich dadurch ergibt, dass das Eigenkapital der Tochtergesellschaft in der Bilanz der Muttergesellschaft als Beteiligung und in der Bilanz der Tochtergesellschaft als Eigenkapital ausgewiesen ist.

Konsolidierungskreis Der Konsolidierungskreis beinhaltet jene Unternehmen, die von der konsolidierten Konzernrechnung erfasst sind. Im Wesentlichen entspricht er dem Konzern.

Konsolidierungspflicht Pflicht, eine konsolidierte Konzernrechnung zu erstellen. Trifft börsenkotierte Unternehmen und gemäss Art. 963 OR Konzerne, die in zwei aufeinanderfolgenden Geschäftsjahren zwei der drei Grössen Bilanzsumme von 20 Mio. CHF, Umsatz von 40 Mio. CHF und 250 Vollzeitstellen überschreiten.

Kontrolle In Art. 963 OR verwendeter Begriff als Teil des Konzernbegriffs, der zum Ausdruck bringen soll, dass ein Konzern dann vorliegt, wenn mehrere Unternehmen eine wirtschaftliche Einheit bilden und der Kontrolle unterliegen. Anders als der Begriff der «einheitlichen Leitung» knüpft der Begriff der «Kontrolle» weniger an das Vorliegen effektiver Leitungsmechanismen, sondern stärker an objektive Umstände.

Konzern Ein Konzern liegt vor, wenn mehrere Unternehmen eine wirtschaftliche Einheit bilden und einer einheitlichen Leitung oder Kontrolle unterliegen. Die Kontrolle wird meistens durch die Wahrnehmung der Mitgliedschaftsrechte durch die Muttergesellschaft ausgeübt, durch die Leitung der Generalversammlung und damit indirekt auch der Verwaltung.

Kosten-Nutzen-Verhältnis Der Nutzen der Offenlegung muss stets grösser sein als die Kosten der Informationsbeschaffung und -offenlegung.

Lagebericht (Jahresbericht) Der Jahres-/Lagebericht ist eine verbale Berichterstattung, in welcher der Verwaltungsrat über den Geschäftsverlauf sowie die wirtschaftliche und finanzielle Lage des Unternehmens orientiert. Der Jahres-/Lagebericht enthält auch zukunftsbezogene Aussagen.

Glossar

Lieferungen und Leistungen Angabe in der Erfolgsrechnung. Nettoerlöse aus Lieferungen und Leistungen umfassen die betrieblichen Umsätze wie: Erlöse aus dem Verkauf von Waren, Fabrikaten und Dienstleistungen etc. Der Ausweis der Erlöse aus Lieferungen und Leistungen hat netto, d.h. nach Abzug von Erlösminderungen (Skonto, Rabatt oder Retouren) zu erfolgen. Anderer Aufwand (bspw. Versandspesen) zur Erzielung von Umsatz darf jedoch nicht in Abzug gebracht werden.

Liquidationswert Der Liquidationswert ist der Wert, der sich bei einer bestmöglichen Verwertung des Gesellschaftsvermögens unter Berücksichtigung der zur Verfügung stehenden Zeit ergibt. Der Liquidationswert ist massgeblich, wenn die Fortführung des Unternehmens in Frage gestellt werden muss.

Marktwert Der Marktwert ist der Wert, den eine Ware auf dem Markt hat.

Marktwertmethode Mit der Marktwertmethode oder dem Multiplikatorverfahren wird der Unternehmenswert berechnet, indem eine bestimmte Betriebskennzahl mit einem Multiplikator multipliziert wird.

Materialaufwand Angabe in der Erfolgsrechnung. Die Position Materialaufwand umfasst alle angefallenen Kosten (Anschaffungs- und Herstellungskosten) der verkauften Fabrikate oder Dienstleistungen.

Milchbüchlein-Rechnung Die «Milchbüchlein-Rechnung» ist eine chronologische Auflistung aller Einnahmen und Ausgaben, ohne direkten Bezug zu Bilanz und Erfolgsrechnung. In ganz einfachen Verhältnissen, wenn das Geschäft allein gestützt auf die Sicht auf Ein- und Ausgaben kontrolliert werden kann, kann die «Milchbüchlein-Rechnung» tatsächlich genügen. Die «Milchbüchlein-Rechnung» gemäss Art. 957 Abs. 2 OR verlangt demgegenüber auch Angaben zur Vermögenslage und somit auch zu deren Veränderung.

Mittelflussrechnung Siehe Cash-Flow-Rechnung.

Netto-Marktwert (Net Selling Price) Siehe beizulegender Zeitwert abzüglich Veräusserungskosten (fair value less costs to sell).

Neubewertungsmethode Konsolidierungsmethode, bei der die Kapitalaufrechnungsdifferenz in das *fair value*-Eigenkapital der Tochter und den Goodwill aufgeteilt wird und das *fair value*-Eigenkapital (Eigenkapital der Tochter nach *fair value*-Ansätzen) voll und der Goodwill quotal konsolidiert wird.

Neubewertungsreserve Neubewertungsreserven sind gesetzliche Reserven, die gebildet werden, wenn bestimmte Aktiven aufgewertet werden. Durch die zeitgleiche Bildung der Neubewertungsreserve führt die Aufwertung nicht zu einem Erfolg und somit auch nicht zum Risiko, dass der aufgewertete Betrag an Gesellschafter ausgeschüttet wird.

Neutralität Das Prinzip der Neutralität verlangt, dass der Abschluss willkür- und wertfrei darzustellen ist.

Nutzwert (Value in use) Der Nutzwert entspricht dem Barwert der zu erwartenden zukünftigen Geldzu- und Geldabflüssen aus der weiteren Nutzung des Aktivums einschliesslich eines allfälligen Mittelzuflusses am Ende der Nutzungsdauer. Ein Nutzwert entsteht auch durch erwartete Einsparungen an zukünftigen Geldabflüssen.

Organisations- und Gründungskosten Organisationskosten sind Kosten innerhalb des Unternehmens, die keinem spezifischen Aktivum zugeordnet werden können, sondern sich direkt auf die Gründung, Erweiterung oder Veränderung des Unternehmens beziehen.

Passiven Die Bilanz zeigt unter der Kolonne «Passiven» die Mittelherkunft (Eigenkapital, Gewinnvorträge, Fremdkapital) und die aufgelaufenen Verluste als Minusziffer.

Percentage-of-Completion-Methode (POC-Methode) Methode für die Bewertung langfristiger Aufträge. Bei der Percentage-of-Completion-Methode (sog. «POC-Methode»; Bewertung nach anteiligem Fertigungsfortschritt) wird neben den Anschaffungs- und Herstellungskosten sowie weiteren auftragsbezogenen Aufwendungen ein allfälliger Gewinn anteilsmässig berücksichtigt, sofern die Realisierung mit genügender Sicherheit feststeht (anders die Complete-Contract-Methode, sog. «CC-Methode»; Methode der Gewinnrealisierung nach Fertigstellung, die sich aus dem allgemeinen Grundsatz ergibt, wonach Erträge aus selbst geschaffenen Werten erst erfolgswirksam sind, wenn sie anfallen).

Periodenabgrenzung Der Grundsatz der Periodenabgrenzung verlangt, dass Aufwände und Erträge voneinander in zeitlicher und sachlicher Hinsicht abgegrenzt werden müssen. Das bedeutet, dass die Auswirkungen von Geschäftsvorfällen erfasst werden, wenn sie auftreten und nicht, wenn flüssige Mittel eingehen.

Personalaufwand Angabe in der Erfolgsrechnung. Umfasst Löhne, Gehälter, Gratifikationen, Provisionen, Verwaltungsratshonorare.

Praktikermethode Die Praktikermethode kombiniert die Substanzwert- und die Ertragswertmethode. Daraus ergibt sich eine Mittelwertmethode.

Produktionserfolgsrechnung Bei der Produktionserfolgsrechnung (auch Gesamtkostenverfahren) werden die Aufwendungen in der Gewinn- und Verlustrechnung nach ihrer Art zusammengefasst und nicht nach ihrer Zugehörigkeit zu einzelnen Funktionsbereichen des Unternehmens. Die Methode ist einfach anzuwenden, da keine Zuordnung von betrieblichen Aufwendungen zu einzelnen Funktionsbereichen erfolgen muss.

Quotenkonsolidierung Bei der Quotenkonsolidierung wird nur derjenige Teil der Bilanz wie auch der Erfolgsrechnung der Tochtergesellschaft konsolidiert, welcher der Beteiligungsquote entspricht. Dabei wird der Anteil des mitbeteiligten Unternehmens als «Anteil Dritte» nicht ausgewiesen. Sie kann bei Gemeinschaftsunternehmen (sog. «Joint Ventures») erfolgen, bei denen in der Regel eine gemeinsame Leitung besteht, aber keine Beherrschung durch ein Mutterunternehmen (vgl. aber IFRS 11.24, der für Joint Ventures die Equity-Methode vorschreibt).

Rahmenkonzept Auch «Framework»; Norm innerhalb der Rechnungslegungsstandards Swiss GAAP FER und IFRS, in der die Grundlagenfragen der Rechnungslegung geregelt sind.

Rangrücktritt Erklärung eines Gläubigers, wonach sein Guthaben gegenüber dem Unternehmen hinter die Guthaben aller anderen Gläubiger zurücktreten soll. Der Rangrücktritt wird gestützt auf Art. 725b Abs. 4 Ziff. 4 OR wie Eigenkapital behandelt, d.h., der Betrag von Darlehen mit Rangrücktritt wird bei der Berechnung des Kapitalverlusts oder der Überschuldung nicht als Fremdkapital bewertet.

Rechnungslegungsreserven Rechnungslegungsreserven sind gesetzliche Reserven, deren Bildung und Auflösung gestützt auf spezielle rechnungslegungsrechtliche Vorschriften erfolgen. Rechnungslegungsreserven sind die Neubewertungsreserve, die Schwankungsreserve und die Reserve für eigene Aktien resp. eigene Stammanteile bei der GmbH.

Regelwerk Siehe anerkannte Standards zur Rechnungslegung.

Reserven Reserven oder Rücklagen sind Eigenkapital. Sie wirken genau gleich wie das Gesellschaftskapital. Der Begriff «Reserve» ist auf den ersten Blick irreführend, wenn darunter ein Fonds verstanden wird, der unangetastet bleibt und nur für spezifische Zwecke verwendet werden darf. Die Reserven als Passiven der Bilanz wirken anders. Sie bewahren das Vermögen indirekt, indem sie die Ausschüttungsgrenze erhöhen. Reserven führen dazu, dass das Unternehmen den Gegenwert des Betrages, der die Reserve ausmacht, nicht an Gesellschafter ausschütten darf.

Risikobeurteilung Unternehmen sind verpflichtet, eine Risikobeurteilung vorzunehmen. Die Risikobeurteilung soll die Risiken beschreiben und bewerten, also durch eine Beurteilung von Eintrittswahrscheinlichkeit und Eintretenswirkung eine Zahl festlegen, die das Risiko gesamthaft bewertet.

Rücklagen Siehe Reserven.

Rückstellung Besondere Reserve unter dem Fremdkapital. Rückstellungen sind insbesondere zu bilden, um ungewisse Verpflichtungen und drohende Verluste aus schwebenden Geschäften zu decken. Lassen vergangene Ereignisse einen Mittelabfluss in künftigen Geschäftsjahren erwarten, so müssen die voraussichtlich erforderlichen Rückstellungen zu Lasten der Erfolgsrechnung gebildet werden.

Sachanlagen Sachanlagen umfassen Güter, die dem betrieblichen Leistungsherstellungsprozess dienen. Sie werden grundsätzlich zu Anschaffungs- bzw. Herstellungskosten abzüglich notwendiger Abschreibungen bilanziert. Nach Regelwerkvorschriften und in Ausnahmefällen auch unter dem OR ist in Folgebewertungen auch eine Aktivierung eines höheren Betrages möglich.

Schwankungsreserve Eine Form der Neubewertungsreserve. Die Aufwertung von «Aktiven mit beobachtbaren Marktpreisen» (Wertschriften und Commodities) kann erfolgswirksam erfolgen. Das Unternehmen kann aber auch zu Lasten der Erfolgsrechnung Schwankungsreserven bilden. Das bedeutet, dass Aufwertungen nicht zu (steuerbaren) Gewinnen führen müssen und Abwertungen zu Lasten geschaffener Schwankungsreserven ohne Auswirkung auf den Ertrag erfolgen können.

Segmentinformationen Ist ein Konzern in verschiedenen Bereichen tätig, verliert die konsolidierte Konzernrechnung an Aussagekraft. Gestützt auf Regelwerkvorschriften müssen kotierte Unternehmen neben der konsolidierten Konzernrechnung auch segmentbezogene Angaben machen.

Stetigkeit/Vergleichbarkeit Der Grundsatz der Stetigkeit/Vergleichbarkeit verlangt, dass die Abschlüsse über die Zeit hinweg vergleichbar sein müssen. Zum Grundsatz der Stetigkeit gehört auch die Pflicht, Vorjahreszahlen anzugeben.

Stichtagsprinzip Das Stichtagsprinzip ist der Grundsatz, dass die Aktiven und die Passiven auf einen bestimmten Stichtag hin bewertet werden müssen. Der Bilanzstichtag ist jener Tag, auf den die Bilanz zurückbezogen wird und nicht der effektive Bilanzierungstag (Zeitpunkt der Bilanzerrichtung).

Stille Ermessensreserven Stille Ermessensreserven sind stille Reserven, die gebildet werden, indem bis an die Grenze dessen gegangen wird, was durch das Vorsichtsprinzip gerechtfertigt werden kann, wenn bei mehreren betriebswirtschaftlich ermittelten Wertansätzen der vorsichtigste gewählt wird.

Stille Reserven Stille Reserven sind die Folge der Unterbewertung von Aktiven oder der Überbewertung von Fremdkapital und Rückstellungen.

Stille Willkürreserven Stille Willkürreserven liegen vor, wenn die Bildung der stillen Reserven nicht mehr durch das Vorsichtsprinzip gerechtfertigt werden kann, die Bildung der stillen Reserven aber durch Gesetz oder Gewohnheitsrecht gleichwohl zulässig ist.

Stille Zwangsreserven Stille Zwangsreserven liegen vor, wenn der Wert eines Anlagevermögens höher als sein Anschaffungswert ist, aber nicht in voller Höhe aktiviert werden darf. Wie der Begriff «Zwangsreserve» zeigt, geniesst das Unternehmen in Bezug auf die Frage, ob die Reserven gebildet werden, keinen Spielraum.

Substance over form Siehe wirtschaftliche Betrachtungsweise.

Substanzwertmethode Mit der Substanzwertmethode wird die Gesellschaft gestützt auf deren Bilanz bewertet.

Glossar

Swiss GAAP FER Die Swiss GAAP FER sind ein Rechnungslegungsstandard für KMU. Sie werden durch die «Fachkommission für Empfehlungen zur Rechnungslegung» erlassen. Die Rechnungslegung nach Swiss GAAP FER soll ein den tatsächlichen Verhältnissen entsprechendes Bild der Vermögens-, Finanz- und Ertragslage *(true and fair view)* vermitteln.

Tageswert (Current cost) Der Tageswert eines Aktivums ergibt sich durch den Preis, der am Bilanzstichtag für den Erwerb des Aktivums im normalen Geschäftsverlauf entrichtet werden müsste. Der Tageswert ist der Wiederbeschaffungswert.

Transitorische Posten Siehe Periodenabgrenzung.

True and fair Siehe Fair Presentation.

Überschuldung entsteht, wenn die Verbindlichkeiten der Gesellschaft nicht mehr durch die Aktiven gedeckt sind.

Umlaufvermögen Umlaufvermögen sind Mittel, die nicht in der Absicht langfristiger, über zwölfmonatiger Nutzung gehalten werden, in der Regel flüssige Mittel und andere Aktiven, die voraussichtlich innerhalb eines Jahres ab Bilanzstichtag oder innerhalb des normalen Geschäftszyklus zu flüssigen Mitteln oder anderweitig realisiert werden. Andere Aktiven sind Anlagevermögen.

Umsatzkostenverfahren Siehe Absatzerfolgsrechnung.

Unternehmensfortführung (Going concern) Der Grundsatz der Unternehmensfortführung *(going concern)* bezieht sich auf die Annahme, dass ein Unternehmen fortgeführt wird. Sollte die Fortführung nicht mehr möglich sein, muss die Bewertung umgestellt werden und es sind nicht mehr Fortführungs-, sondern Veräusserungswerte der Rechnungslegung zu Grunde zu legen.

US-GAAP Summe aller US-Rechnungslegungsnormen. International sind vor allem die Regelungen des US-amerikanischen Financial Accounting Standards Board (FASB) relevant, welches viele der Rechnungslegungsstandards sowie weitere Regelungen erlassen hat, die den Hauptteil der US-GAAP darstellen.

Veräusserungswert Siehe Liquidationswert.

Verdeckte Gewinnausschüttung Ausschüttung an einen Gesellschafter, die sich nicht auf eine korrekte Gewinnfeststellung, Rechnungslegung und Beschlussfassung abstützt.

Verlässlichkeit Informationen sind dann verlässlich, wenn sie keine wesentlichen Fehler enthalten und frei von verzerrenden Einflüssen sind. Ebenfalls im Grundsatz der Verlässlichkeit enthalten sind die Prinzipien der Richtigkeit bzw. der Bilanzwahrheit und der Willkürfreiheit.

Verlust Differenzbetrag, der sich ergibt, wenn der Aufwand in einer Rechnungsperiode höher ist als der Erfolg.

Verlustvortrag Siehe Bilanzverlust.

Verrechnungs- und Saldierungsverbot Das Verrechnungsverbot untersagt die horizontale Verrechnung von «links und rechts» in der Bilanz oder Erfolgsrechnung. Das Saldierungsverbot untersagt die Zusammenfassung in der Vertikalen, von je zwei Aufwandsposten oder je zwei Ertragsposten, «von oben nach unten».

Vollkonsolidierung Eine Vollkonsolidierung erfolgt, wenn das Mutterunternehmen die Tochtergesellschaft beherrscht. Bei der Vollkonsolidierung werden alle aktiven und passiven Positionen der Bilanz sowie sämtliche Aufwands- und Ertragspositionen der Erfolgsrechnung der Tochtergesellschaft zu ihrem vollen Wert (100 %) in die Konzernrechnung überführt. Das gilt auch, wenn Minderheitsaktionäre an der Tochter beteiligt sind; deren (Minderheits-)Anteile werden in der Bilanz separat unter den Passiven ausgewiesen.

Vorsicht Der Grundsatz der Vorsicht verlangt eine besondere Sorgfalt in der Ermessensausübung von erforderlichen Schätzungen unter ungewissen Umständen, sodass Vermögenswerte oder Erträge nicht zu hoch und Schulden oder Aufwendungen nicht zu tief angesetzt werden.

Wertaufholung Vorschriften über die Bewertung von wertberichtigtem oder abgeschriebenem Anlagevermögen, das in einer späteren Periode wieder an Wert zunimmt. Diese Wertaufholung kann auch nach OR bis zum fortgeführten Anschaffungspreis erfolgswirksam geschehen.

Wertbeeinträchtigung Siehe Wertberichtigung.

Wertberichtigung Bewertungskorrektur als Folge veränderter Umstände, z.B. bei einer Forderung bei festgestellter Zahlungsunfähigkeit des

Schuldners. Bei allen Aktiven ist auf jeden Bilanzstichtag zu prüfen, ob Anzeichen dafür bestehen, dass der Buchwert des Aktivums den wirklichen Wert übersteigt. Falls eine Wertbeeinträchtigung vorliegt, ist der Buchwert auf den wirklichen Wert zu reduzieren.

Wesentlichkeit Informationen sind wesentlich, wenn ihr Weglassen oder ihre fehlerhafte oder unvollständige Darstellung die auf der Basis von Abschlussinformationen getroffenen wirtschaftlichen Entscheidungen der Abschlussadressaten beeinflussen könnte.

Wiederbeschaffungsreserve Im OR vorgesehene Möglichkeit, eine spezielle Reserve im Hinblick auf Wiederbeschaffungskosten zu bilden. Diese Reserven werden entweder durch die Bildung zusätzlicher Rückstellungen zu Wiederbeschaffungszwecken bewirkt oder dadurch, dass überflüssig gewordene Rückstellungen belassen werden.

Wirtschaftliche Betrachtungsweise Die wirtschaftliche Betrachtungsweise bedeutet, dass bei der Beurteilung eines Wertes oder einer Verpflichtung nicht ausschliesslich nach juristischen Kategorien vorgegangen wird, sondern dass versucht wird, den wirtschaftlichen Wert des Aktivums oder der Verpflichtung festzustellen.

Zeitnähe Die Rechnungslegung muss in Zeitnähe zum offengelegten Sachverhalt vorgenommen werden. Dabei ist zwischen möglichst früher, aber möglicherweise unzuverlässiger und späterer, zuverlässiger Offenlegung abzuwägen.

Zwischenabschluss Der Zwischenabschluss ist ein unterjährig zu erstellender Abschluss, welcher grundsätzlich nach den Vorschriften zur Jahresrechnung zu erstellen ist und darum eine Bilanz, eine Erfolgsrechnung und einen Anhang zu enthalten hat, wobei die Vorschriften für grössere Unternehmen und Konzerne vorbehalten bleiben.

Zwischendividende Die Zwischendividende ist die Ausschüttung einer Dividende aus unterjährigem Gewinn.

1. Teil   Grundlagen

§ 1   Ziel der Rechnungslegung

Rechnungslegungsrecht ist, wie es der Begriff schon andeutet, auch Recht und damit ein Regelungsbereich, der Juristen genauso betrifft wie die Wirtschaftsprüfer. Das bedingt, dass sich auch Juristen mit diesem Thema auseinandersetzen und auch das hierfür nötige Verständnis aufbringen, dies zu tun.

Ohne ein Verständnis für die Fragen der Rechnungslegung sind Juristen nicht in der Lage, festzustellen oder zu überprüfen, ob und wie eine Gesellschaft funktioniert, in welcher finanziellen Lage sie sich befindet und ob beispielsweise Organe Sorgfaltsmassstäbe verletzt und sich somit verantwortlich gemacht haben.

Ziel der Rechnungslegung ist es, Informationen über die Vermögens- und Finanzlage, deren Veränderung und die wirtschaftliche Leistungsfähigkeit eines Unternehmens darzustellen. Dies dient

- **der Kapitalerhaltung:** Daran haben vor allem die Gläubiger der Gesellschaft ein Interesse. Es ist in deren Sinn, die Aktiven eher tief, die Schulden und Risiken jedoch eher hoch zu bewerten (Grundsatz der Vorsicht);
- **als Führungsinstrument:** Das Management soll auf Grundlage der Rechnungslegung die richtigen Entscheide treffen. Dieser Anforderung kann die Rechnungslegung nur genügen, wenn sie möglichst aufschlussreich ist und versucht, der Wahrheit möglichst nahe zu kommen. Die zu tiefe Bewertung von Aktiven und eine zu hohe Gewichtung von Risiken sind schädlich;
- **der Rechenschaftsablegung durch ein Zahlenwerk und der Dokumentation:** Die Leistungen des Managements und der Gesellschaft sollen retrospektiv beurteilt und die Vorgänge im Unternehmen dokumentiert werden. Auch diese Zahlen müs-

sen, damit sie ihre Funktion erfüllen können, primär wahr und nicht vorsichtig sein;
- **der Transparenz für Anleger:** Deren Interesse ist ambivalent; einerseits ist es durch den Wunsch nach Substanzerhaltung geprägt, andererseits durch den Anspruch, am Ertragspotential der Gesellschaft adäquat zu partizipieren. Auch in deren Interesse liegt eine wahre Berichterstattung und nicht eine vorsichtige, welche die Erträge verschleiert und damit dem Anleger ein Partizipieren verunmöglicht;
- **dem Systemschutz:** In der Summe dienen die Vorschriften des Rechnungslegungsrechts dem Schutz des Systems «Gesellschaft» oder «Unternehmen» mit allen seinen oft divergierenden Interessenlagen. Die Hauptaufgabe des Rechnungslegungsrechts liegt darin, diese teils widersprüchlichen Interessen zu beachten und ein System zu definieren, in welchem sie alle adäquat berücksichtigt werden.

§ 2 Rechnungslegung als Schlüsseldisziplin im Gesellschaftsrecht

1. Begriff des Unternehmens und des Unternehmensanteils

Die Bedeutung der Rechnungslegung beginnt bereits bei der Festlegung des Begriffs des Unternehmens. Die Bilanz als Zusammenstellung aller Aktiven und Passiven definiert nicht nur die Vermögenswerte des Unternehmens, sondern das Unternehmen als solches und grenzt es insbesondere gegenüber dem Privatvermögen der Gesellschafter ab. Die Bedeutung dieser Abgrenzung variiert je nach Gesellschaftsform: Bei der Aktiengesellschaft mit ihrer klaren Abgrenzung von Gesellschafts- und Gesellschaftervermögen ist sie weniger wichtig als beispielsweise bei Kollektiv- und Kommanditgesellschaften, in denen im Innenverhältnis die Vermögenswerte des Gesellschaftervermögens und des Gesellschaftsvermögens oft nicht ohne weiteres abgegrenzt werden können, oder beim Einzelunternehmen, bei dem die Berechtigung am Unternehmensvermögen und am Privatvermögen bei der gleichen Person liegt.

2. Beurteilung der Risikofähigkeit eines Unternehmens; Bezug zum Eigenkapital

Das Eigenkapital ist der Differenzbetrag zwischen dem Wert aller wirtschaftlichen Güter eines Unternehmens (den Aktiven) und den Schulden gegenüber Dritten (Fremdkapital). Bei einem Unternehmen mit Aktiven von einem bestimmten Wert gilt also: Je höher das Fremdkapital, desto geringer ist das Eigenkapital, oder, umgekehrt, je tiefer das Fremdkapital, desto höher ist das Eigenkapital.

Es steht fest, dass ein hohes Eigenkapital das Risiko reduziert, dass eine zu hohe Bewertung der Aktiven resp. eine zu tiefe Bewertung der Passiven oder Mittelabflüsse das Unternehmen existentiell gefährden können. Das Eigenkapital ist die Risikoreserve des Unternehmens.

3. Kapitalschutz

Der Schutzzweck der Vorschriften des Kapitalschutzes geht in zwei Richtungen: Der Gläubigerschutz soll sicherstellen, dass Gläubiger der Gesellschaft durch Vorgänge innerhalb der Gesellschaft nicht benachteiligt werden.

Die Vorschriften des Kapitalschutzes schützen weiter die Mitgliedschaftsrechte der Aktionäre, insbesondere das Gleichbehandlungsgebot und der Schutz der Gewinnstrebigkeit. Die Gesellschafter haben bei Vorliegen der Gewinnstrebigkeit einerseits den Anspruch darauf, dass das Unternehmen gewinnstrebig vorgeht, und andererseits auf einen ihrer Beteiligung entsprechenden Anteil am Unternehmensgewinn. Der Unternehmensgewinn als Anknüpfungspunkt für die bilanziellen Vermögensrechte der Gesellschafter ist nur mit Instrumenten der Rechnungslegung feststellbar.

Schliesslich können die Vorschriften des Gläubigerschutzes nur mit einem Verständnis für rechnungslegungsrechtliche Vorschriften verstanden werden. Die Vorschriften des Gläubigerschutzes sind besonders bei denjenigen Gesellschaften wichtig, in denen die Gesellschafter für Schulden der Gesellschaft als Regel nicht haftbar sind.

In allen Gesellschaftsformen ist es Aufgabe der Gesellschafter, die Höhe und die Zusammensetzung des Eigenkapitals zu bestimmen, soweit innerhalb der Gesellschaft ein Handlungsspielraum besteht. Besonders ausgeprägt ist diese Aufgabenteilung in der Aktiengesellschaft, welche als Folge des Paritätsgrundsatzes eine strikte Kompetenzverteilung zwischen Generalversammlung und Verwaltungsrat kennt. Für Entscheide, die sich auf das Eigenkapital auswirken, ist grundsätzlich und bis auf wenige Ausnahmen zwingend die Generalversammlung zuständig.

4. Rechnungslegung in der Krise

Zwischen der Rechnungslegung und der Unternehmenskrise gibt es eine ganze Reihe von direkten Zusammenhängen. Zum einen kann die mangelhafte Rechnungslegung der Grund dafür sein, dass ein Unternehmen in eine Krise gerät, nämlich dann, wenn das Unternehmen aus diesem Grunde seine finanzielle oder bilanzielle Risikofähigkeit verletzt und Risiken eingeht, die im Hinblick auf die Eigenkapitalausstattung viel zu hoch sind.

In vielen Fällen entsteht eine Krisensituation nicht von einem Tag auf den anderen, sondern im Rahmen eines längeren Prozesses. Plötzlich entstehen diese Krisen oft allein deshalb, weil das Unternehmen die schleichende Entwicklung ignoriert und sein Verhalten nicht an die veränderten Umstände angepasst hat.

§ 2 Rechnungslegung als Schlüsseldisziplin im Gesellschaftsrecht

Die Pflichtverletzung des Verwaltungsrats beginnt somit in dem Moment, in dem die Geschäftspolitik des Unternehmens und das in ihr liegende Risikoverhalten durch das Eigenkapital nicht mehr gedeckt sind.

Die Vorstellung, dass das Eigenkapital der Gesellschaft in der Krisensituation linear bis zur Überschuldung sinkt, ist falsch. Der Grund dafür liegt in der Vorschrift, dass bei der Bewertung von Aktiven und Passiven die Frage der Fortführungsfähigkeit *(going concern)* wesentlich ist. Die Frage der Fortführung steht über allem und kann die Bewertungen vor allem der Aktiven völlig verändern.

Mit Art. 725 Abs. 1 OR wurde neu die explizite Pflicht für den Verwaltungsrat eingeführt, die Zahlungsfähigkeit der Gesellschaft zu überwachen. Droht die Gesellschaft zahlungsunfähig zu werden, so ergreift der Verwaltungsrat Massnahmen zur Sicherstellung der Zahlungsfähigkeit. Zudem trifft der Verwaltungsrat, soweit erforderlich, weitere Massnahmen zur Sanierung der Gesellschaft oder beantragt der Generalversammlung solche.

Gestützt auf die letzte Jahresrechnung kann geprüft werden, ob ein Kapitalverlust vorliegt. Zeigt die letzte Jahresrechnung, dass die Aktiven abzüglich der Verbindlichkeiten die Hälfte der Summe aus Aktienkapital, nicht an die Aktionäre zurückzahlbarer gesetzlicher Kapitalreserve und gesetzlicher Gewinnreserve nicht mehr decken, hat der Verwaltungsrat Massnahmen zur Beseitigung des Kapitalverlusts zu treffen (Art. 725a Abs. 1 OR). Wenn begründete Besorgnis einer Überschuldung besteht, muss das Unternehmen eine Zwischenbilanz erstellen, diese revidieren lassen und den Richter benachrichtigen, wenn die Zwischenbilanz zeigt, dass die Forderungen der Gesellschaftsgläubiger weder zu Fortführungs- noch zu Veräusserungswerten gedeckt sind (Art. 725b Abs. 1 OR).

Quellen:

OR	Art. 725 ff. OR
PS-CH	PS-CH 290

§ 3 Pflicht zur Rechnungslegung

1. Grundlagen

Der Pflicht zur Buchführung und Rechnungslegung unterliegen juristische Personen sowie Einzelunternehmen und Personengesellschaften, die einen Umsatzerlös von mindestens CHF 500'000 im letzten Geschäftsjahr erzielt haben. Diese Rechnungslegungsvorschriften gelten rechtsformübergreifend für alle Unternehmen gleichermassen (Art. 957 Abs. 1 OR).

Lediglich der Pflicht zur Buchführung über die Einnahmen und Ausgaben sowie über die Vermögenslage (sog. «Milchbüchlein-Rechnung») unterliegen Einzelunternehmen und Personengesellschaften mit weniger als CHF 500'000 Umsatzerlös im letzten Geschäftsjahr. Gleiches gilt für Vereine und Stiftungen, die nicht verpflichtet sind, sich ins Handelsregister eintragen zu lassen, oder Stiftungen, die nach Art. 83b Abs. 2 ZGB von der Pflicht zur Bezeichnung einer Revisionsstelle befreit sind (Art. 957 Abs. 2 OR).

2. Aufbewahrung und Form

Die Geschäftsbücher und die Buchungsbelege können auf Papier, elektronisch oder in vergleichbarer Weise aufbewahrt werden, soweit dadurch die Übereinstimmung mit den zu Grunde liegenden Geschäftsvorfällen und Sachverhalten gewährleistet ist und wenn sie jederzeit wieder lesbar gemacht werden können. Der Geschäftsbericht und der Revisionsbericht sind als physisches oder elektronisches Original aufzubewahren (Art. 958f Abs. 2–3 OR).

Alle Aufzeichnungen (Buchungsbelege), die notwendig sind, um den einer Buchung zu Grunde liegenden Geschäftsvorfall oder Sachverhalt nachvollziehen zu können, sind aufzubewahren (Art. 957a Abs. 3 OR). Nur wenn ein Geschäftsvorfall einwandfrei durch einen Buchungsbeleg nachgewiesen werden kann, ist eine Geschäftskorrespondenz, die den Sachverhalt ebenfalls belegt, nicht aufbewahrungspflichtig. Da die Relevanz der Geschäftskorrespondenz im Zeitpunkt der Buchung oft nicht bekannt ist, ist das Unternehmen gut beraten, wenn es, wie unter dem alten Recht, jede Geschäftskorrespondenz aufbewahrt.

Die Geschäftsbücher und die Buchungsbelege sowie der Geschäftsbericht und der Revisionsbericht sind während zehn Jahren aufzubewahren. Die Aufbewahrungsfrist beginnt mit dem Ablauf des Geschäftsjahres (Art. 958f Abs. 1 OR).

§ 4 Rechnungslegungsvorschriften (Quellen)

1. Grundlagen

Zu den Vorschriften der Rechnungslegung zählen diejenigen Normen, die bei der Erstellung der Jahresrechnung, insbesondere Bilanz und Erfolgsrechnung, anwendbar sind. Die Vorschriften sind im 32. Titel des OR kodifiziert (kaufmännische Buchführung und Rechnungslegung) und gelten rechtsformübergreifend für alle Unternehmen.

Die Vorschriften des Rechnungslegungsrechts verpflichten die Gesellschaften, ihre Jahresrechnung so auszugestalten, dass die Vermögens- und Ertragslage der Gesellschaft möglichst zuverlässig beurteilt werden kann. Das OR regelt nur die Grundlagen (Art. 957 ff. OR) und verweist für Einzelfragen weitgehend auf die «Grundsätze ordnungsmässiger Buchführung» (Art. 957a Abs. 2 OR) und in Art. 958c OR auf die «Grundsätze ordnungsmässiger Rechnungslegung»). Mit diesem dynamischen Verweis soll sichergestellt werden, dass die Grundsätze auch zu einem späteren Zeitpunkt der dann aktuellen und als pflichtgemäss verstandenen Praxis entsprechen.

2. Rolle des Handbuchs der Wirtschaftsprüfung (HWP)

Die Feststellung der Grundsätze ordnungsmässiger Buchführung und Rechnungslegung wird durch den Umstand stark erleichtert, dass die Anwender der Rechnungslegungsvorschriften diese konstanten Normenveränderungen in einem detaillierten und regelmässig neu aufgelegten «Normenkatalog» aufarbeiten und publizieren. Das Schweizer Handbuch der Wirtschaftsprüfung (HWP) wird von der Kommission für Wirtschaftsprüfung der EXPERT Suisse (vormals Treuhand-Kammer) in einem breit abgestützten Verfahren herausgegeben, das sicherstellt, dass es diejenigen Normen beschreibt, die von der Branche als ordnungsgemäss empfunden werden. Das HWP ist das Standardwerk für Lehre und Praxis. Es fasst die anerkannten Grundsätze ordnungsmässiger Buchführung und Rechnungslegung zusammen. Obwohl dem HWP kein formell normativer Rang zukommt, stützt sich die Rechtsprechung des Bundesgerichts fallweise auf dessen Bestimmungen. Im breit diskutierten BGE 136 II 88 E. 3.2 hat das Bundesgericht jedoch den IFRS, als Auslegungshilfe des OR, den Vorzug gegeben.

3. Rechnungslegungsstandards/Regelwerke

Die Rechnungslegungsvorschriften des OR sind auf Grund der generellen Verweisung auf die allgemeinen Grundsätze in vielen Details zwangsläufig ungenau und lassen den Beteiligten einen grossen Beurteilungsspielraum. Dies führt auch dazu, dass OR-gemässe Abschlüsse verschiedener Gesellschaften oft nicht ohne weiteres miteinander verglichen werden können.

Neben den Vorschriften des OR bestehen privat entwickelte Standards (sog. «anerkannte Rechnungslegungsstandards oder Regelwerke»). Die Rechnungslegungsstandards sind einerseits zwingend für Gesellschaften, die an der Börse kotiert sind, sofern die Börse dies verlangt, für Genossenschaften mit mindestens 2'000 Genossenschaftern und für Stiftungen, die von Gesetzes wegen zur ordentlichen Revision verpflichtet sind (Art. 962 Abs. 1 OR). Andererseits können sie auf freiwilliger Basis für die Einzel- und Konzernabschlüsse angewendet werden. Schliesslich kann ein Abschluss nach einem anerkannten Rechnungslegungsstandard auf Verlangen von Gesellschaftern, die mindestens 20 % des Grundkapitals vertreten, verlangt werden. Ebenso kann ein solcher Abschluss auf Verlangen von 10 % der Genossenschafter oder 20 % der Vereinsmitglieder wie auch von Gesellschaftern oder Mitgliedern, die einer persönlichen Haftung oder einer Nachschusspflicht unterliegen, verlangt werden (Art. 962 Abs. 2 OR). Die Rechnungslegungsstandards haben eine grössere Regelungsdichte und lassen weniger Beurteilungsspielräume offen. Sie verfolgen damit die Zielsetzung, eine aussagekräftigere finanzielle Berichterstattung zu erreichen.

Oft sind diese Rechnungslegungsstandards präziser als die Regeln des OR, stehen aber zu diesem nicht in einem Widerspruch, sodass beide Normen parallel angewendet werden dürfen. Die Vorschriften der Rechnungslegungsstandards dienen in diversen Fällen auch als Auslegungshilfe des OR, soweit sie allgemeine Grundsätze präzisierend beschreiben.

Es gibt aber gleichwohl Vorschriften, z.B. bei der Bewertung von Anlagevermögen über dem Erwerbs- oder Herstellungspreis (vgl. dazu § 17 Ziff. 6, S. 87 ff.), in denen sich Abschlüsse nach OR und Rechnungslegungsstandards widersprechen. Für handelsrechtliche Abschlüsse sind die Vorschriften des OR massgebend.

Abschlüsse nach Rechnungslegungsstandards sind indessen für konsolidierte Abschlüsse zulässig und üblich, teilweise (für an der Börse kotierte Unternehmen) auch vorgeschrieben.

Praktisch relevant sind:
- Swiss GAAP FER (Die Schweizerischen Fachempfehlungen zur Rechnungslegung; vgl. § 5, S. 11 ff.);

1. Teil Grundlagen

- IFRS (International Financial Reporting Standards; früher wurden diese Standards IAS [International Accounting Standards] genannt; vgl. § 6, S. 14 ff.);
- US-GAAP (Generally Accepted Accounting Principles der USA).

Besonders wichtig und praxisrelevant in der Schweiz sind die Rechnungslegungsstandards Swiss GAAP FER (vgl. dazu § 5) und IFRS (vgl. dazu § 6). Für Unternehmen, die am US-amerikanischen Kapitalmarkt aktiv sind, sind zudem die Vorschriften des US-amerikanischen Financial Accounting Standards Board (FASB) von Relevanz, welches zahlreiche Rechnungslegungsstandards sowie weitere Regelungen erlassen hat, die den Hauptteil der US-GAAP darstellen. In der vorliegenden «nutshell» werden die Vorschriften der US-GAAP nicht weiter vertieft.

4. Rechnungslegungsstandards als Auslegungshilfe

Das Bundesgericht hat in einem weit beachteten Entscheid für die Auslegung des OR die IFRS beigezogen (BGer, 2C_897/2008, 1.10.2009). Dieser Rechnungslegungsstandard soll mangels Bestimmungen der schweizerischen Rechtsordnung zu bilanzbezogenen Punkten als Auslegungshilfe in Erscheinung treten, solange sie dieser nicht widerspricht. Begründet wird dieser Schritt damit, dass in der Schweiz und in Europa eine generelle Tendenz vorherrscht, sich den Normen des IFRS zu nähern, und auf Grund der rudimentären Regeln des schweizerischen Rechts eine Auslegungshilfe unerlässlich erscheint. In einer weiteren Erwägung gesteht das Bundesgericht den von den IFRS abweichenden Regelungen des HWP zwar die Bedeutung als Erkenntnisquelle zu, sieht darin jedoch kein Hindernis für die Anwendung einer IFRS-Norm.

§ 5 Swiss GAAP FER

1. Grundlagen

Die Swiss GAAP FER sind ein Rechnungslegungsstandard für KMU. Die Rechnungslegung nach Swiss GAAP FER soll ein den tatsächlichen Verhältnissen entsprechendes Bild der Vermögens-, Finanz- und Ertragslage *(true and fair view)* vermitteln. Sie regeln die Kernfragen der Rechnungslegung. Nicht behandelte Fragestellungen sind im Sinne des Oberziels *true and fair view* zu lösen. Die Normen der Swiss GAAP FER werden durch die «Fachkommission für Empfehlungen zur Rechnungslegung» erlassen.

Die Swiss GAAP FER haben seit Mitte der neunziger Jahre eine breitere Anerkennung gefunden. Seit dem 1. Januar 2005 gelten die Swiss GAAP FER als Mindeststandard für die Jahres- und Zwischenberichterstattung von an der SIX Swiss Exchange kotierten Aktien in den regulatorischen Segmenten Swiss Domestic Standard, Standard für Immobiliengesellschaften und für Emittenten, welche ausschliesslich Forderungsrechte (z.B. Anleihen) kotiert haben. Im Kotierungsreglement und in den entsprechenden Richtlinien der SIX Swiss Exchange sind die Swiss GAAP FER entsprechend verankert.

Die FER bestehen aus vier Bausteinen: 1. dem Rahmenkonzept, 2. den Kern-FER, 3. weiteren Standards sowie 4. den Swiss GAAP FER 30 für Konzerne.

Die Anwendung der FER-Vorschriften erfolgt zweistufig. Kleine Organisationen können sich darauf beschränken, das Rahmenkonzept und die ausgewählten zentralen Fachempfehlungen (Kern-FER; Swiss GAAP FER 1-6) zu beachten. Voraussetzung dafür ist, dass sie in zwei aufeinanderfolgenden Jahren zwei der nachstehenden Kriterien nicht überschritten:

- Bilanzsumme von 10 Mio. CHF;
- Jahresumsatz von 20 Mio. CHF;
- 50 Vollzeitstellen im Jahresdurchschnitt.

Für alle anderen Anwender gelten die Kern-FER, die weiteren Swiss GAAP FER und, wenn es sich um Konzerne handelt, zusätzlich die Swiss GAAP FER 30 «Konzernrechnung».

2. Rahmenkonzept der Swiss GAAP FER

Das Rahmenkonzept der Swiss GAAP FER legt die Grundsätze der Rechnungslegung fest. Es behandelt:
- Zielsetzung der Jahresrechnung;
- Gliederung des Geschäftsberichts;
- erstmalige Anwendung der Swiss GAAP FER;
- Grundlagen der Jahresrechnung;
- Definition von Aktiven und Passiven (Verbindlichkeiten und Eigenkapital);
- Definition von Erträgen, Aufwendungen und Erfolg;
- Zulässige Bewertungskonzepte von Aktiven und Verbindlichkeiten;
- qualitative Anforderungen;
- Lage-/Jahresbericht (Lage und Ausblick).

Die Regelungen der einzelnen Fachempfehlungen (FER) gehen dem Rahmenkonzept vor.

3. Fachempfehlungen der Swiss GAAP FER

Swiss GAAP FER 1:   Grudlagen

Swiss GAAP FER 2:   Bewertung

Swiss GAAP FER 3:   Darstellung und Gliederung

Swiss GAAP FER 4:   Geldflussrechnung

Swiss GAAP FER 5:   Ausserbilanzgeschäfte

Swiss GAAP FER 6: Anhang
Swiss GAAP FER 10: Immaterielle Werte
Swiss GAAP FER 11: Ertragssteuern
Swiss GAAP FER 13: Leasinggeschäfte
Swiss GAAP FER 15: Transaktionen mit nahestehenden Personen
Swiss GAAP FER 16: Vorsorgeverpflichtungen
Swiss GAAP FER 17: Vorräte
Swiss GAAP FER 18: Sachanlagen
Swiss GAAP FER 20: Wertbeeinträchtigungen
Swiss GAAP FER 21: Rechnungslegung für gemeinnützige, soziale Nonprofit-Organisationen
Swiss GAAP FER 22: Langfristige Aufträge
Swiss GAAP FER 23: Rückstellungen
Swiss GAAP FER 24: Eigenkapital und Transaktionen mit Aktionären
Swiss GAAP FER 26: Rechnungslegung von Personalvorsorgeeinrichtungen
Swiss GAAP FER 27: Derivative Finanzinstrumente
Swiss GAAP FER 28: Zuwendungen der öffentlichen Hand
Swiss GAAP FER 30: Konzernrechnung
Swiss GAAP FER 31: Ergänzende Fachempfehlungen für kotierte Unternehmen
Swiss GAAP FER 40: Rechnungslegung für Versicherungsunternehmen
Swiss GAAP FER 41: Rechnungslegung für Gebäudeversicherer und Krankenversicherer

1. Teil Grundlagen

§ 6 IFRS

1. Grundlagen

Bis März 2002 wurden die IFRS als «International Accounting Standard» (IAS) bezeichnet. Inzwischen werden sie unter dem Titel «International Financial Reporting Standard» (IFRS) herausgegeben. Die alten IAS behalten ihre Bezeichnung. Die IFRS werden wie einst die IAS bei eins beginnend fortlaufend durchnummeriert («IFRS 1», «IFRS 2» usw.). Demzufolge existieren IAS 1 und IFRS 1 parallel nebeneinander. Die Nummern ausser Kraft gesetzter Standards werden aber nicht neu besetzt. Die Liste hat somit «Löcher».

«IFRS» ist zugleich der Oberbegriff für das Gesamtwerk aller vom Regelungsgeber *International Accounting Standards Board (IASB)* erlassenen Rechtsvorschriften. Der offizielle Rechnungslegungsstandard führt daher auch den Titel «International Financial Reporting Standards» mit dem Untertitel «Incorporating the International Accounting Standards and Interpretations». Teilweise sind während einer Übergangszeit auf den gleichen Sachverhalt verschiedene Normen anwendbar. In einem solchen Fall ist im Anhang darauf hinzuweisen, welche Norm berücksichtigt wurde. Nachfolgend wird auf die neuesten anwendbaren Normen Bezug genommen.

2. Grundstruktur des IFRS

Ein Rechnungslegungsstandard besteht aus verschiedenen **einzelnen Standards.** Jeder dieser Standards behandelt ein bestimmtes Teilgebiet des Rechnungswesens. Da permanent neue Standards in Kraft treten, wird die Regelungsdichte immer grösser. Die anfänglich scheinbar zusammenhangslose Sammlung von Vorschriften deckt inzwischen fast das ganze Gebiet der Rechnungslegung ab.

Grundlagenfragen *(fundamental accounting assumptions)* werden im sog. «**Rahmenkonzept**» *(Framework)* behandelt. Das Framework war schon bei der Gründung des IASB Bestandteil der damaligen Standards und wurde unverändert übernommen. Es ist infolgedessen ebenfalls ein Teil der heutigen IFRS.

Neben den Standards und dem Framework existieren die «**Interpretationen**» des *International Financial Reporting Interpretations Committee (IFRIC) (bis 2001 Standing Interpretations Committee [SIC])*, welche Detail- und Zweifelsfragen bei der Auslegung der Standards klären sollen. Auch diese gehören zum IFRS-Gesamtwerk.

Jeder Standard hat ein eigenes Inhaltsverzeichnis. Zu Beginn wird stets der Zweck *(scope)* des Standards erläutert. Die meisten Standards verfügen weiter über eine Einführung, auf die dann der eigentliche Inhalt folgt. Dieser ist in Paragraphen gegliedert. Viele Standards enthalten zudem Anhänge und Beispiele. Die Standards werden mit ihrem Namen, der Standard- und der Paragraphennummer zitiert, z.B. «IAS 16.31» oder «IAS 16.3a». Die Einführung *(Introduction)* hat eine separate Nummerierung. Eine mögliche Zitierweise wäre z.B. «IAS 16.IN3».

Alle für einen Standard relevanten Definitionen befinden sich in den vorderen Paragraphen. Die begrifflichen Grundlagen sind demnach zunächst im Rahmenkonzept *(Framework)* und dann am Anfang der jeweiligen Standards zu suchen. Während das Rahmenkonzept umfassende Geltung hat, können die Definitionen in den einzelnen Standards sich unterscheiden.

3. Übersicht Framework

Jeder Rechnungslegungsstandard stützt sich auf Grundlagen und Grundannahmen. In den IFRS sind diese Grundannahmen Bestandteil des Rahmenkonzepts *(Framework)*. Die dort enthaltenen Grundgedanken dienen im Wesentlichen der Entwicklung neuer und der Anwendung bestehender Standards, ebenso der Harmonisierung bestehender Regelungen und als Interpretationsrichtlinie, wenn sich neue, in den Standards noch nicht berücksichtigte Fragen ergeben. Die im Framework enthaltenen Leitprinzipien werden in den einzelnen Standards umgesetzt. Im Framework befinden sich weiter Regelungen, Definitionen und Vorschriften zu folgenden Themen und Bereichen:

- das Ziel der Finanzberichterstattung für allgemeine Zwecke;
- die qualitativen Merkmale von nützlichen Finanzinformationen;
- eine Beschreibung der berichterstattenden Einheit und ihrer Abgrenzung;
- Definitionen von Vermögenswerten, Schulden, Eigenkapital, Erträgen und Aufwendungen sowie Leitlinien zur Unterstützung dieser Definitionen;
- Kriterien für die Aufnahme von Vermögenswerten und Schulden in den Abschluss (Ansatz) und Leitlinien, wann sie zu entfernen sind (Ausbuchung);
- Bewertungsgrundlagen und Leitlinien, wann diese anzuwenden sind;
- Konzepte und Leitlinien zur Darstellung und Offenlegung; und
- Konzepte in Bezug auf Kapital und Kapitalerhaltung.

4. Übersicht über die Standards

Die Standards enthalten spezifische Vorschriften zu den einzelnen Teilgebieten des Rechnungswesens und bilden damit das eigentliche Vorschriftenwerk, welches den Anwender leitet. Derzeit existieren folgende Standards:

IAS 1: Darstellung des Abschlusses *(Presentation of Financial Statements)*

IAS 2: Vorräte *(Inventories)*

IAS 7: Kapitalflussrechnungen *(Statement of Cash Flows)*

IAS 8: Rechnungslegungsmethoden, Änderungen von rechnungslegungsbezogenen Schätzungen und Fehler

(Accounting Policies, Changes in Accounting Estimates and Errors)

IAS 10: Ereignisse nach der Berichtsperiode *(Events after the Reporting Period)*

IAS 12: Ertragssteuern *(Income Taxes)*

IAS 16: Sachanlagen *(Property, Plant and Equipment)*

IAS 19: Leistungen an Arbeitnehmer *(Employee Benefits)*

IAS 20: Bilanzierung und Darstellung von Zuwendungen der öffentlichen Hand *(Accounting for Government Grants and Disclosure of Government Assistance)*

IAS 21: Auswirkungen von Wechselkursänderungen *(The Effects of Changes in Foreign Exchange Rates)*

IAS 23: Fremdkapitalkosten *(Borrowing Costs)*

IAS 24: Angaben über Beziehungen zu nahestehenden Unternehmen und Personen *(Related Party Disclosures)*

IAS 26: Bilanzierung und Berichterstattung von Altersvorsorgeplänen *(Accounting and Reporting by Retirement Benefit Plans)*

IAS 27: Einzelabschlüsse *(Separate Financial Statements)*

IAS 28: Beteiligungen an assoziierten Unternehmen und Gemeinschaftsunternehmen *(Investments in Associates)*

IAS 29: Rechnungslegung in Hochinflationsländern *(Financial Reporting in Hyperinflationary Economies)*

IAS 32: Finanzinstrumente: Darstellung *(Financial Instruments: Presentation)*

IAS 33: Ergebnis je Aktie *(Earnings per Share)*

IAS 34: Zwischenberichterstattung *(Interim Financial Reporting)*

1. Teil Grundlagen

IAS 36: Wertminderung von Vermögenswerten *(Impairment of Assets)*

IAS 37: Rückstellungen, Eventualverbindlichkeiten und Eventualforderungen *(Provisions, Contingent Liabilities and Contingent Assets)*

IAS 38: Immaterielle Vermögenswerte *(Intangible Assets)*

IAS 39: Finanzinstrumente: Ansatz und Bewertung *(Financial Instruments: Recognition and Measurement)*

IAS 40: Als Finanzinvestition gehaltene Immobilien *(Investment Property)*

IAS 41: Landwirtschaft *(Agriculture)*

IFRS 1: Erstmalige Anwendung der International Financial Reporting Standards *(First-time Adoption of International Financial Reporting Standards)*

IFRS 2: Anteilsbasierte Vergütung *(Share-based Payment)*

IFRS 3: Unternehmenszusammenschlüsse *(Business Combinations)*

IFRS 5: Zur Veräußerung gehaltene langfristige Vermögenswerte und aufgegebene Geschäftsbereiche *(Non-current Assets Held for Sale and Discontinued Operations)*

IFRS 6: Exploration und Evaluierung von Bodenschätzen *(Exploration for and Evaluation of Mineral Resources)*

IFRS 7: Finanzinstrumente: Angaben *(Financial Instruments: Disclosure)*

IFRS 8: Geschäftssegmente *(Operating Segments)*

IFRS 9: Finanzinstrumente *(Financial Instruments)*

IFRS 10: Konzernabschlüsse *(Consolidated Financial Statements)*

IFRS 11: Gemeinsame Vereinbarungen *(Joint Arrangements)*

IFRS 12: Angaben zu Anteilen an anderen Unternehmen *(Disclosure of Interests in Other Entities)*

IFRS 13: Bewertung zum beizulegenden Zeitwert *(Fair Value Measurement)*

IFRS 14: Regulatorische Rechnungsabgrenzungskonten *(Regulatory Deferral Accounts)*

IFRS 15: Erlöse aus Verträgen mit Kunden *(Revenue from Contracts with Customers)*

IFRS 16: Leasingverhältnisse *(Leases)*

IFRS 17: Versicherungsverträge *(Insurance Contracts)*

5. Interpretationen des International Financial Reporting Interpretations Committee (IFRIC bzw. SIC)

Die Standing Interpretations entstehen auf Grund konkreter Fragen, die an das IASB herangetragen werden und die nach Meinung der Beteiligten nicht oder nicht ausreichend in den IAS bzw. IFRS geregelt sind. Sie konkretisieren lediglich die IFRS, können aber als «emerging issue» zur Schaffung eines neuen Standards führen. Ähnlich wie die Standards sind sie nummeriert, werden von Zeit zu Zeit verändert oder ausser Kraft gesetzt, sodass derzeit nicht alle Nummern «belegt» sind.

Die gegenwärtig vorhandenen *Interpretations* sind:

SIC 7: Einführung des Euro *(Introduction of the Euro)*

SIC 10: Beihilfen der öffentlichen Hand – Kein spezifischer Zusammenhang mit betrieblichen Tätigkeiten *(Government Assistance – No Specific Relation to Operating Activities)*

SIC 25: Ertragsteuern – Änderungen im Steuerstatus eines Unternehmens oder seiner Anteilseigner *(Income Taxes – Changes in the Tax Status of an Entity or its Shareholders)*

SIC 29: Dienstleistungskonzessionsvereinbarungen: Angaben *(Service Concession Arrangements: Disclosures)*

SIC 32: Immaterielle Vermögenswerte – Kosten von Internetseiten *(Intangible Assets – Web Site Costs)*

Neue Interpretationen werden vom *International Financial Reporting Interpretations Committee (IFRIC)* veröffentlicht. Dieses hat das bisherige *Standing Interpretations Committee* ersetzt, genauso wie das IASB das ehemalige IASC ersetzt hat. Die zurzeit vorhandenen Interpretationen des IFRIC sind:

IFRIC 1: Änderungen bestehender Rückstellungen für Entsorgungs-, Wiederherstellungs- und ähnliche Verpflichtungen *(Changes in Existing Decommissioning, Restoration and Similar Liabilities)*

IFRIC 2: Geschäftsanteile an Genossenschaften und ähnliche Instrumente *(Members' Shares in Co-operative Entities and Similar Instruments)*

IFRIC 5: Rechte auf Anteile an Fonds für Entsorgung, Wiederherstellung und Umweltsanierung *(Rights to Interests arising from Decommissioning, Restoration and Environmental Rehabilitation Funds)*

IFRIC 6: Verbindlichkeiten, die sich aus einer Teilnahme an einem spezifischen Markt ergeben – Elektro- und Elektronik-Altgeräte *(Liabilities arising from Participating in a Specific Market – Waste Electrical and Electronic Equipment)*

IFRIC 7: Anwendung des Anpassungsansatzes unter IAS 29 Rechnungslegung in Hochinflationsländern *(Applying the Restatement Approach under IAS 29)*

IFRIC 10: Zwischenberichterstattung und Wertminderung *(Interim Financial Reporting and Impairment)*

IFRIC 12: Dienstleistungskonzessionsvereinbarungen *(Service Concession Arrangements)*

IFRIC 14: IAS 19 – Die Begrenzung eines leistungsorientierten Vermögenswerts, Mindestdotierungsverpflichtungen und ihre Wechselwirkung *(IAS 19 – The Limit on a Defined Benefit Asset, Minimum Funding Requirements and their Interaction)*

IFRIC 16: Absicherung einer Nettoinvestition in einen ausländischen Geschäftsbetrieb *(Hedges of a Net Investment in a Foreign Operation)*

IFRIC 17: Sachdividenden an Eigentümer *(Distributions of Non-cash Assets to Owners)*

IFRIC 19: Tilgung finanzieller Verbindlichkeiten durch Eigenkapitalinstrumente *(Extinguishing Financial Liabilities with Equity Instruments)*

IFRIC 20: Abraumbeseitigungskosten während der Produktionsphase im Tagebau *(Stripping Costs in the Production Phase of a Surface Mine)*

IFRIC 21: Abgaben *(Levies)*

IFRIC 22: Fremdwährungstransaktionen und Vorschusszahlungen *(Foreign Currency Transactions and Advance Consideration)*

IFRIC 23: Ungewissheit über die einkommensteuerliche Behandlung *(Uncertainty over Income Tax Treatments)*

§ 7 Auslegung der Rechnungslegungsvorschriften

1. Aufbau des Rechnungslegungsrechts

Der systematische Aufbau des Rechnungslegungsrechts kann wie folgt dargestellt werden:

Auf der obersten Ebene befindet sich das Ziel der Rechnungslegung, nämlich die finanzielle Situation des Unternehmens zuverlässig abzubilden. Dieses Ziel entspricht jedoch nicht dem *true and fair view*-Ansatz aus den Regelwerken.

Die Grundsätze ordnungsmässiger Rechnungslegung bilden die zweite Ebene. Sie führen in der Form von Prinzipen aus, wie die Rechnungslegung das Ziel, also die oberste Ebene, erfüllen soll.

In der untersten Ebene befinden sich die spezifischeren Normen, welche sich zur Bilanzierung der einzelnen Bilanzpositionen äussern.

2. Vorgehensweise bei der Auslegung

Der Ausgangspunkt für die Anwendung des Rechnungslegungsrechts bildet die spezifische Norm. Diese wird mit Hilfe der Grundsätze ordnungsmässiger Rechnungslegung im Hinblick auf die oberste Ebene der Pyramide ausgelegt. In diesem Schritt wird auch das Resultat der Auslegung verifiziert. Es wird also geprüft, ob das Auslegungsergebnis den Grundsätze ordnungsmässiger Rechnungslegung entspricht und eine zuverlässige Darstellung ermöglicht.

3. Regelwerk als Transformationsfaktor

Buchführer haben den Auftrag, die finanzielle Situation in einer Jahresrechnung abzubilden. Dabei ist die finanzielle Situation als ökonomischer Zustand einer (natürlichen oder juristischen) Person zu verstehen. Um die Jahresrechnung zu erstellen, ermitteln die Buchführer die finanzielle Situation, m.a.W. wird die finanzielle Situation von einem gedanklichen Konstrukt in Zahlen überführt bzw. transformiert (Transformationsprozess 1 oder TP1).

Berechtigte interessierte Personengruppen (Revisoren, Aufsicht, Aktionäre, Gläubiger usw.) haben nun die Aufgabe als Bilanzleser zu versuchen, die wirkliche finanzielle Situation aus der Jahresrechnung abzuleiten (finanzielle Situation 2 oder FS2). Das Ziel der Bilanzleser ist somit, möglichst den Transformationsprozess der Bilanzersteller zu reproduzieren, um so die FS1 zu erkennen. Somit streben die Bilanzleser an, dass FS2 der FS1 entspricht. Die Bilanzleser erreichen diese Zeil jedoch nur, wenn ihr eigener Transformationsprozess (TP2) TP1 entspricht.

1. Teil Grundlagen

Dieser Vorgang kann also wie folgt dargestellt werden:

Es fragt sich nun, was der Transformationsprozess beinhaltet (also TP1 und TP2). Der wichtigste Transformationsfaktor ist das angewandte Regelwerk. Wenn der Buchführer nach OR bilanziert, aber der Bilanzleser meint, dass Swiss GAAP FER angewandt wurde, dann entspricht TP1 nicht TP2 und damit auch nicht FS2 der FS1. Weitere Transformationsfaktoren können auch in der Auslegung des Regelwerks, in dessen Sprache oder in der Herkunft des Buchführers bzw. des Bilanzlesers liegen.

2. Teil Jahresabschluss

§ 8 Funktion des Jahresabschlusses

1. Grundlagen

Art. 957a Abs. 2 OR und Art. 958c Abs. 1 OR schreiben vor, dass die Bücher nach den Grundsätzen ordnungsmässiger Buchführung und der Jahresabschluss nach den Grundsätzen ordnungsmässiger Rechnungslegung zu führen und zu erstellen sind, und zwar so, dass die Vermögens- und Ertragslage der Gesellschaft **möglichst zuverlässig beurteilt** werden kann. Dies ist in dem Sinne zu verstehen, dass ein durchschnittlicher Leser der Jahresrechnung, welche die Grundlage für alle Erkenntnisse und Schlussfolgerungen darstellen sollte, als Aktionär, als Organ oder als Gläubiger eine Einschätzung der wirtschaftlichen Lage des Unternehmens und, gestützt darauf, vernünftige Entscheidungen treffen können sollte (Art. 958 Abs. 1 OR).

Bei der Aufstellung des Jahresabschlusses sind die Grundsätze der ordnungsgemässen Rechnungslegung im Allgemeinen und die einzelnen Bewertungs- und Darstellungsvorschriften im Speziellen zu beachten.

Diese Grundsätze der ordnungsgemässen Rechnungslegung sind im OR als Prinzipien formuliert, die oft unbestimmt sind, sich teilweise auch widersprechen und in vielen Fällen dem Ersteller der Jahresrechnung einen grossen Ermessensspielraum belassen. Eine Konkretisierung dieser Grundsätze ergibt sich teilweise durch die Rechnungslegungsstandards (vgl. dazu § 4 Ziff. 3, S. 8 ff.). Aber auch dort gilt, dass diese Grundsätze nicht nur Normen verkörpern, die im Einzelfall angewendet werden, sondern ebenfalls Wertemassstäbe vermitteln, die bei der Beantwortung einzelner Bewertungs- und Darstellungsfragen zu beachten sind. Dabei wird einerseits ein Ausgleich unter den einzelnen Merkmalen *(balance between qualitative characteristics)* angestrebt, anderseits muss vermieden werden, dass ein Einzelkriterium durch ein anderes Kriterium verdrängt wird.

2. Vorsicht oder Wahrheit?

Die Widersprüchlichkeit, welche sich zwischen den einzelnen Grundsätzen ergeben kann, kommt besonders deutlich im Verhältnis zwischen dem Grundsatz der Vorsicht (vgl. dazu § 9 Ziff. 5, S. 34 f.) und dem Grundsatz der Wahrheit zum Ausdruck, verstanden als Grundlage für eine möglichst zuverlässige Beurteilung der Vermögens- und Ertragslage. Je vorsichtiger die Bewertung ausfällt bzw. je ärmer sich das Unternehmen darstellt, desto grösser sind die stillen Reserven und somit auch das im Interesse der Gläubiger liegende Substrat. Die damit vermittelte Aussage entspricht dann aber nicht mehr dem Ziel der Zuverlässigkeit und Wahrheit.

Die Rechnungslegungsvorschriften des OR sind stark vorsichtsgeprägt, während jene der Rechnungslegungsstandards (Swiss GAAP FER und IFRS) diesen Grundsatz zwar auch beachten (vgl. dazu § 9 Ziff. 5, S. 35), aber gleichwohl viel stärker ein den tatsächlichen Verhältnissen entsprechendes Bild der Vermögens-, Finanz- und Ertragslage (*«fair presentation»*) anstreben. Der Grund dafür liegt darin, dass die Rechnungslegungsstandards auf die Anleger ausgerichtet sind. Diese möchten eine gute Entscheidungsgrundlage für eine (De-)Investition haben. Dagegen sind Regelwerke, wie das OR, vermehrt auf Gläubiger als Kapitalgeber ausgerichtet. Gläubiger sind an einer vorsichtigen Bilanzierung interessiert.

3. Zwischenabschluss

Die Revision des Aktienrechts beinhaltet mit Art. 960f OR neu eine Bestimmung zum Zwischenabschluss. Während der Jahresabschluss per Ende Geschäftsjahr erstellt wird, kann der Zwischenabschluss per beliebigen Tag erstellt werden. Ein Zwischenabschluss ist als solcher zu bezeichnen, nach den Vorschriften zur Jahresrechnung zu erstellen und hat eine Bilanz, eine Erfolgsrechnung und einen Anhang zu enthalten. Die Vorschriften für grössere Unternehmen und Konzerne bleiben vorbehalten.

Vereinfachungen oder Verkürzungen sind zulässig, sofern keine Beeinträchtigung der Darstellung des Geschäftsgangs entsteht. Es sind mindestens die Überschriften und Zwischensummen auszuweisen, die in der letzten Jahresrechnung enthalten sind. Zudem enthält der Anhang des Zwischenabschlusses die folgenden Angaben:

- den Zweck des Zwischenabschlusses;
- die Vereinfachungen und Verkürzungen, einschliesslich allfälliger Abweichungen von den für die letzte Jahresrechnung verwendeten Grundsätzen;
- weitere Faktoren, welche die wirtschaftliche Lage des Unternehmens während der Berichtsperiode wesentlich beeinflusst haben, insbesondere Ausführungen zur Saisonalität.

Der Gesetzgeber sieht insbesondere an folgenden Stellen im Gesetz die Pflicht vor, einen Zwischenabschluss zu erstellen:

- Zwischendividende (Art. 675a Abs. 1 OR);
- Überschuldung (Art. 725b Abs. 1 OR);
- bei länger andauernder Liquidation (Art. 743 Abs. 5 OR).

Des Weiteren ist ein Zwischenabschluss zu erstellen, sofern der Bilanzstichtag mehr als sechs Monate zurückliegt oder seit Abschluss der letzten Bilanz wichtige Änderungen in der Vermögenslage der beteiligten Gesellschaften eingetreten sind:

- Kapitalerhöhung aus Eigenkapital (Art. 652d Abs. 2 Ziff. 2 OR);
- Kapitalherabsetzung (Art. 653l OR);
- Kapitalherabsetzung im Kapitalband (Art. 653l Abs. 3 OR);
- Abschluss Fusionsvertrag (Art. 11 FusG);
- Abschluss Spaltungsvertrag (Art. 35 FusG);
- Zeitpunkt der Erstattung des Umwandlungsberichts (Art. 58 FusG).

§ 9 Grundsätze ordnungsmässiger Rechnungslegung

1. Unternehmensfortführung *(Going concern)*

a. Grundlagen

Der wichtigste Grundsatz, der über allem liegt und alle Fragen direkt beeinflusst, ist der Grundsatz der Unternehmensfortführung (Art. 958a OR; *going concern).* Die Jahresrechnung beruht auf der Annahme, dass die Weiterführung des Unternehmens für die voraussehbare Zukunft möglich und geplant ist. Das Kriterium der voraussichtlichen Fortführung ist nicht so zu verstehen, dass beispielsweise die Liquidität für das laufende Jahr gesichert sein muss. Falls aber klare Anzeichen erkennbar sind, dass die Liquidität wahrscheinlich nicht gegeben ist, muss die Fortführbarkeit in Frage gestellt werden.

Das Rechnungslegungsrecht und die Rechnungslegungsstandards bestimmen auch den Zeitraum, der von der Fortführungsannahme gedeckt sein muss (Art. 958a Abs. 2 OR). Demnach sind als Bewertungsbasis die Fortführungswerte zu verwenden, wenn die Fortführungsfähigkeit für einen Zeitraum von mindestens zwölf Monaten ab dem Bilanzstichtag vorliegt (vgl. dazu unten lit. b). Schliesslich knüpfen auch die Schweizer Standards zur Abschlussprüfung (vgl. dazu § 32 Ziff. 1, S. 150 f.) an diese Regel an, die in ISA-CH 570 Ziff. 2 ff. die uneingeschränkte Testierung der Fortführungsfähigkeit nur vorsehen, wenn die Unternehmensfortführung während zwölf Monaten nach dem Bilanzstichtag wahrscheinlich ist. Fehlt diese Wahrscheinlichkeit, erfolgt das Testat als modifiziertes Prüfungsurteil (vgl. dazu § 32 Ziff. 2 lit. d, S. 155).

b. Auswirkung der Fortführungsfähigkeit auf die Bewertung

Falls an der Fortführung erhebliche Zweifel bestehen, ist dies offenzulegen. Die Fortführung eines Unternehmens kann nicht mehr angenomen werden, wenn sie wahrscheinlich nicht mehr möglich ist oder die Auflösung des Unternehmens beabsichtigt ist. Besteht eine derartige Absicht oder Notwendigkeit, muss die Jahresrechnung auf der Grundlage von Liquidationswerten erstellt werden. Die Bewertung zu Liquidationswerten ist im Anhang offenzulegen und zu erläutern. Der Wechsel von Fortführungs- zu Liquidationswerten führt in den meisten Fällen zu einer Reduktion des Eigenkapitals, manchmal auch zur Überschuldung (sog. «Sturz vom Bewertungssockel»; vgl. Beispiel 1 «Maschinenpark»). Nur in Unternehmen mit hohen stillen Reserven kann der Wechsel zu Liquidationswerten zu einer Erhöhung des Eigenkapitals führen (vgl. Beispiel 2 «Liegenschaft»).

Beispiel 1 «Maschinenpark»: Das Unternehmen X erstellt eine zusätzliche Bilanz zu Liquidationswerten. In den meisten Fällen ist der Liquidationswert tiefer als der Fortführungswert. Im Beispiel 1 führt der Wechsel zu einer Bewertung zu Liquidationswerten insbesondere zu einer Korrektur der Bewertung der Maschinen und Patente.

Bilanz zu Fortführungswerten

Aktiven		Passiven	
Kontokorrent	1'000	Bankschulden	2'000
Maschinenpark	4'000	Aktionärsdarlehen	4'000
Patente	5'000	Aktienkapital	3'000
		Reserven	1'000
Bilanzsumme	10'000		10'000
		Eigenkapital	4'000

Durch die Neubewertung der Maschinen und Patente zu Liquidationswerten entsteht eine Korrektur von 3'000 bei den Maschinen resp. 4'000 bei den Patenten, was zu einer Neubewertungsreserve von –7'000 führt.

2. Teil Jahresabschluss

Bilanz zu Liquidationswerten

Aktiven		Passiven	
Kontokorrent	1'000	Bankschulden	2'000
Maschinenpark	1'000	Aktionärsdarlehen	4'000
Patente	1'000	Aktienkapital	3'000
		Reserven	1'000
		Neubewertungsreserve	−7'000
Bilanzsumme	3'000		3'000
		Eigenkapital	−3'000

Beispiel 2 «Liegenschaft»: Das Unternehmen X erstellt eine zusätzliche Bilanz zu Liquidationswerten. Altes Anlagevermögen, das nur zum Anschaffungswert aktiviert werden darf, erfährt durch den Wechsel eine Höherbewertung.

Bilanz zu Fortführungswerten

Aktiven		Passiven	
Kontokorrent	2'000	Bankschulden	2'000
Debitoren	1'000	Aktienkapital	1'800
Liegenschaft	800		
Bilanzsumme	3'800		3'800
		Eigenkapital	1'800

Durch die Neubewertung der Liegenschaft auf den höheren Liquidationswert entsteht eine Korrektur von 3'200, was zu einer Neubewertungsreserve von 3'200 führt.

Bilanz zu Liquidationswerten

Aktiven		Passiven	
Kontokorrent	2'000	Bankschulden	2'000
Debitoren	1'000	Aktienkapital	1'800
Liegenschaft	4'000	Neubewertungsreserve	3'200
Bilanzsumme	7'000		7'000
		Eigenkapital	5'000

c. Quellen

OR	Art. 958a OR
HWP	HWP, BF&RL2023, II.3.3.3.1, S. 33
Swiss GAAP FER	Swiss GAAP FER Rahmenkonzept Ziff. 9
IFRS	IFRS Framework 23
PS	ISA-CH 570 Ziff. 2 ff.

2. Wesentlichkeit, Vollständigkeit und Bedeutsamkeit *(Materiality, completeness and relevance)*

Informationen sind wesentlich, wenn ihr Weglassen oder ihre fehlerhafte oder unvollständige Darstellung die auf der Basis von Abschlussinformationen getroffenen wirtschaftlichen Entscheidungen der Abschlussadressaten beeinflussen könnten. Der Grundsatz der Wesentlichkeit beschreibt eine Schwelle, nicht primär eine qualitative Anforderung. Entscheidungsrelevante Informationen sollen ausgewiesen werden. In die gleiche Richtung, aber etwas weiter geht der Grundsatz der Vollständigkeit *(completeness)*. Er besagt, dass alle Informationen, die für die Beurteilung des Unternehmens wesentlich sind, aufgeführt werden müssen. Stille Reserven stehen allgemein im Widerspruch zum Grundsatz der Vollständigkeit. Dem prinzipiell auch im Handelsrecht geltenden Vollständigkeitsgrundsatz wird daher erst durch die wahrheitsgemässe Bewertung Rechnung getragen.

Um ihren Zweck zu erfüllen, müssen die Informationen für die wirtschaftlichen Entscheidungen der Adressaten relevant sein. Informationen sind dann relevant, wenn sie die wirtschaftlichen Entscheidungen der Adressaten beeinflussen, indem sie ihnen bei der Beurteilung vergangener, aktueller oder zukünftiger Ereignisse helfen oder ihre Einschätzung aus der Vergangenheit bestätigen oder korrigieren. Der Relevanzgrundsatz bedingt auch, dass die Informationen umso breiter und tiefer dargestellt werden müssen, je komplexer das Unternehmen ist. Der Abschluss ist nur verständlich und die Informationen sind nur bedeutsam, wenn alle wesentlichen Informationen dargestellt werden.

Quellen:

OR	Art. 958c Abs. 1 Ziff. 2, 3 OR
HWP	HWP, BF&RL2023, II.3.3.4.4, S. 35 f.
Swiss GAAP FER	Swiss GAAP FER Rahmenkonzept Ziff. 29
IFRS	IFRS Framework 29-30, 38

3. Verlässlichkeit, Glaubwürdige Darstellung und Klarheit/Verständlichkeit *(Reliability, faithful representation and understandability)*

Informationen sind dann verlässlich, wenn sie keine wesentlichen Fehler enthalten und frei von verzerrenden Einflüssen sind (Swiss GAAP FER Rahmenkonzept Ziff. 32).

Die glaubwürdige Darstellung *(faithful representation)* ist im Wesentlichen der Grundsatz der wahrheitsgetreuen Darstellung.

Die Jahresrechnung entspricht dem Grundsatz der Klarheit, wenn sie übersichtlich und sachgerecht gegliedert ist, nur gleichartige Posten zusammenfasst und zutreffend bezeichnet, sowie nötigenfalls durch Erläuterungen im Anhang ergänzt wird und Inhalt und Darstellung das den tatsächlichen Verhältnissen entsprechende Bild der Organisation wiedergeben (Swiss GAAP FER Rahmenkonzept Ziff. 33).

Quellen:

OR	Art. 957 Abs. 1, Abs. 2 Ziff. 1; 958c Abs. 1 Ziff. 1, 3 OR
HWP	HWP, BF&RL2023, II.3.3.4.1 und 3.4.4.3, S. 35
Swiss GAAP FER	Swiss GAAP FER Rahmenkonzept Ziff. 32, 33
IFRS	IFRS Framework 31-34

4. Vergleichbarkeit *(Comparability)*

Der Grundsatz der Vergleichbarkeit *(comparability)* verlangt, dass die Abschlüsse über die Zeit hinweg vergleichbar sein müssen. Der Abschlussleser soll Tendenzen in der Entwicklung der Vermögens-, Finanz- und Ertragslage erkennen können. Dies schliesst den **Stetigkeitsgrundsatz** mit ein, d.h. die Anforderung, dass einmal gewählte Darstellungsweisen, Bewertungs- und Bilanzierungsmethoden beibehalten werden müssen und dass der Abschlussleser über alle Änderungen in Bewertungs- und Bilanzierungsmethoden zu informieren ist. Eine auf den ersten Blick geringfügige Umstellung in den Bewertungsprinzipien kann die ausgewiesenen Zahlen nachhaltig positiv oder negativ beeinflussen, ohne dass dies mit den zu Grunde liegenden wirtschaftlichen Fakten irgendetwas zu tun hätte. Der Grundsatz der Stetigkeit verbietet auch eine Praxis der willkürlich geänderten Abschreibungssätze. Der Begriff der «Vergleichbarkeit» wird nicht mehr ausdrücklich erwähnt, um den Eindruck zu vermeiden, es sei nötig, dass die Abschlüsse verschiedener Unternehmen miteinander vergleichbar sein müssen. Es geht also im geltenden Recht nur um die Vergleichbarkeit der Abschlüsse eines Unternehmens. Das Gesetz sieht sodann in Art. 958d Abs. 2 OR die Pflicht zur Angabe der Vorjahreszahlen ausdrücklich vor. Damit wird es dem Bilanzleser erleichtert, die einzelnen Bilanzpositionen der aktuellen Periode mit denjenigen der Vorperiode zu vergleichen.

Abweichungen vom Grundsatz der Stetigkeit der Darstellung und der Bewertung sind nur in begründeten Fällen zulässig und im Anhang darzulegen.

Quellen:

OR	Art. 958c Abs. 1 Ziff. 6; 958d Abs. 2 OR
HWP	HWP, BF&RL2023, I.3.2, S. 91
Swiss GAAP FER	Swiss GAAP FER Rahmenkonzept Ziff. 30, 31
IFRS	IFRS Framework 39 ff.

5. Vorsicht *(Prudence)*

Der Grundsatz der Vorsicht verlangt eine besondere Sorgfalt in der Ermessensausübung von erforderlichen Schätzungen unter ungewissen Umständen, sodass Vermögenswerte oder Erträge nicht zu hoch und Schulden oder Aufwendungen nicht zu tief angesetzt werden.

Oft entsteht ein Widerspruch zwischen dem Vorsichtsprinzip und der Zielsetzung der zuverlässigen Beurteilung der Vermögens- und Ertragslage. Nach dem Vorsichtsprinzip stellt sich das Unternehmen im Zweifelsfall eher ärmer dar, als es in Wirklichkeit ist. Im Ergebnis führt das zur Bildung stiller Reserven (vgl. dazu § 23, S. 115 ff.). Die Vorschriften des OR sind in Bezug auf die Bildung von stillen Reserven weniger streng, als es die Rechnungslegungsstandards sind.

Weiter entspricht es dem Vorsichtsprinzip, bei Ungewissheit und gleicher Eintreffenswahrscheinlichkeit, die weniger optimistische

Variante zu wählen. Bestehen konkrete Anzeichen für eine Überbewertung von Aktiven oder für zu geringe Rückstellungen, so sind die Werte zu überprüfen und gegebenenfalls anzupassen (Art. 960 Abs. 3 OR).

Die *«prudence»* ist sowohl ein Grundsatz in den **Swiss GAAP FER** als auch in den **IFRS.** Sie lässt aber die Bildung stiller Reserven nur restriktiv zu und gestattet beispielsweise nicht, willkürliche stille Reserven zu bilden oder Rückstellungen überzubewerten. Ein bewusst zu niedriger Ansatz von Vermögenswerten oder Erträgen resp. der absichtlich zu hohe Ansatz von Schulden oder Aufwendungen würden zu einem nicht neutralen Abschluss führen. Dies entspräche nicht dem Kriterium der Verlässlichkeit (Swiss GAAP FER Rahmenkonzept Ziff. 32 und IFRS Framework QC12-16 [glaubwürdige Darstellung]).

Quellen:

OR	Art. 960 Abs. 2, Abs. 3; 958c Abs. 1 Ziff. 5 OR
HWP	HWP, BF&RL2023, II.3.3.4.5, S. 36
Swiss GAAP FER	Swiss GAAP FER Rahmenkonzept Ziff. 13
IFRS	IFRS Framework 37

6. Imparitätsprinzip

Das Imparitätsprinzip ist ein Anwendungsfall des Vorsichtsprinzips. Es verlangt, dass Erträge erst ausgewiesen werden dürfen, wenn sie feststehen oder realisiert sind, der Aufwand dagegen schon dann, wenn er sich für die Rechnungsperiode bloss aktualisiert. Der Ertrag ist erst realisiert, wenn eine rechtlich und tatsächlich durchsetzbare Forderung entstanden ist. Der Aufwand ist aktualisiert, wenn aus Vorgängen bis zum Abschlusstag Verluste oder Risiken (künftige Zahlungen oder Vermögenseinbussen ohne zurechenbaren Gegenwert) erkennbar sind und mit ihnen sehr wahrscheinlich zu rechnen ist. Geschäftsrisiken können demnach zu Rückstellungen führen (vgl. dazu § 21, S. 105 ff.), Geschäftschancen demgegenüber dürfen nicht abgebildet werden. Dies gilt primär für den handelsrechtlichen Abschluss nach OR; die Swiss GAAP FER und IFRS sind in dieser Hinsicht weniger streng und erlauben u.U. auch die Abbildung einer künftigen Chance bzw. eines künftigen Ertrags.

Quellen:

OR	Art. 958c Abs. 1 Ziff. 5; 960 Abs. 2, Abs. 3 OR
HWP	HWP, BF&RL2023, II.3.3.3.2, S. 35

7. Bruttoprinzip/Verrechnungsverbot und Saldierungsverbot *(Offsetting)*

Das **Verrechnungsverbot** untersagt die horizontale Verrechnung von «links und rechts» in der Rechnung (Bilanz, Erfolgsrechnung). Es ist grundsätzlich verboten, in der Bilanz Aktiven mit Passiven und in der Erfolgsrechnung Aufwand mit Ertrag zu verrechnen. Verfügt die Gesellschaft über ein mit einer Hypothek belastetes Grundstück, ist der Bruttowert des Grundstücks als Aktivum und der Bruttowert des Darlehens als Passivum in die Bilanz aufzunehmen. Lediglich den Differenzbetrag als wirtschaftlichen Nettowert der Liegenschaft in der Rechnung zu führen, ist untersagt.

Das **Saldierungsverbot** untersagt eine Zusammenfassung in der Vertikalen, von je zwei Aufwandsposten oder je zwei Ertragsposten, «von oben nach unten». Das Saldierungsverbot ist im Rechnungslegungsrecht methodisch durch die Mindestgliederungsvorschriften für die Erfolgsrechnung und die Bilanz ausgedrückt: Soweit zu gliedern ist, darf nicht saldiert werden. Das Saldierungsverbot soll verhindern, dass die Forderungen gegen Verbindlichkeiten hochgerechnet und damit die Transparenz des Jahresabschlusses verringert wird. Da die Bilanz ohnehin als Summe rechnerisch ausgeglichen sein muss (die Summe der Aktiva entspricht der Summe der Passiva), würde sich sonst im Extremfall jede Bilanzposition aufheben lassen. Es gilt das **Bruttoprinzip.**

Der Grundsatz der möglichst zuverlässigen Beurteilung ist vorrangig. Umgekehrt erlaubt das Wesentlichkeitsprinzip gewisse Abweichungen vom Saldierungsverbot, die jedoch insgesamt nicht ins Gewicht fallen sollten.

Quellen:

OR	Art. 957a Abs. 2 Ziff. 1, 5; 958 Abs. 1; 958c Abs. 1 Ziff. 7 OR
HWP	HWP, BF&RL2023, II.3.3.4.7, S. 38 f.
Swiss GAAP FER	Swiss GAAP FER Rahmenkonzept Ziff. 14
IFRS	IAS 1.32 ff.

8. Wirtschaftliche Betrachtungsweise *(Substance over form)*

Die wirtschaftliche Betrachtungsweise *(Substance over form)* führt dazu, dass Geschäfte nach ihrem tatsächlichen wirtschaftlichen Gehalt *(actual substance)* und nicht nach formaljuristischen Kriterien *(legal form)* zu beurteilen und darzustellen sind. Ein Leasingvertrag ist beispielsweise je nach Regelungsgehalt entweder als Kauf *(finance lease)* oder als Miete *(operating lease)* auszuweisen. Wenn A Eigentümer einer Sache ist, aber ein Vertrag dem B in Bezug auf diese Sache sämtliche Weisungsbefugnisse und Nutzungsrechte gegenüber A einräumt, kann es sinnvoll sein, den B als «wirtschaftlich Berechtigten» zu bezeichnen und für die Rechnungslegung sein «wirtschaftliches Eigentum» als massgeblich zu erklären. Der wirkliche, nicht der rechtliche Charakter des Vertrages steht damit im Vordergrund. Der Grundsatz der wirtschaftlichen Betrachtungsweise gilt umfassend in den Rechnungslegungsstandards und eingeschränkt auch im OR.

2. Teil Jahresabschluss

Quellen:

OR	Art. 958 Abs. 1 OR
HWP	Vgl. HWP, BF&RL2023, III.2.14.3, S. 185
Swiss GAAP FER	Swiss GAAP FER Rahmenkonzept Ziff. 10

9. Periodenabgrenzung

a. Grundlagen

Zu den Grundsätzen ordnungsmässiger Rechnungslegung gehört weiter das Prinzip der sachlich und zeitlich konsequenten Periodenabgrenzung (Teilgehalt der *accrual basis*). Dieser Grundsatz wird ausdrücklich in Art. 958b Abs. 1 OR festgehalten.

Periodenabgrenzung bedeutet, dass Geschäftsvorfälle derjenigen Rechnungsperiode zuzuordnen sind, der sie wirtschaftlich angehören, und nicht der Periode, in der die zugehörigen Zahlungen geleistet werden. Die Auswirkungen von Geschäftsvorfällen und anderen Ereignissen werden erst erfasst, wenn sie auftreten, und nicht, wenn flüssige Mittel oder ein Zahlungsmitteläquivalent eingeht.

In zeitlicher Hinsicht sind Aufwand und Ertrag, die zeitraumbezogen anfallen, periodengerecht abzugrenzen und zu erfassen. Die periodengerechte Gewinnermittlung setzt weitere Vorschriften voraus: wann und unter welchen Umständen Gewinne als realisiert gelten und die zeitliche Erfassung der damit in Zusammenhang stehenden Aufwendungen. Aufwendungen werden in der Periode erfasst, in welcher die damit in Zusammenhang stehenden Gewinne realisiert wurden.

§ 9 Grundsätze ordnungsmässiger Rechnungslegung

b. **Transitorische Posten/Rechnungsabgrenzungsposten**

Aus dem Grundsatz der Periodenabgrenzung ergibt sich, dass Einnahmen und Ausgaben am Jahresende daraufhin untersucht werden müssen, ob sie effektiv dem abgelaufenen Geschäftsjahr wirtschaftlich zugehören. Ist das nicht der Fall, müssen sie mit Hilfe besonderer Bilanzposten (auch transitorische Posten genannt – Rechnungsabgrenzungsposten) dem Geschäftsjahr zugerechnet werden, welchem sie wirtschaftlich angehören. Es gibt aktive und passive Rechnungsabgrenzungsposten, die aus Gründen der Bilanzklarheit nicht miteinander verrechnet werden dürfen.

Transitorische Posten erfassen Vorgänge, bei denen die Zahlungsvorgänge (Erfolgsvorgänge) in der vergangenen Periode, die Erfolgswirkungen jedoch in der künftigen Periode liegen (z.B. vorausbezahlte Versicherungsprämien für das Folgejahr oder bereits erhaltene Vorauszahlungen [Mietzinse im Voraus für das Folgejahr vom Mieter erhalten] von Kunden).

Beispiel 1 (Aufwandvortrag): Am 12. Dezember 2022 zahlt das Unternehmen X die Miete von CHF 1'000 für das Jahr 2023 im Voraus.

Bilanz 12.12.2022 **Erfolgsrechnung 12.12.2022**

Aktiven	Passiven	Aufwand	Ertrag
Kontokorrent 9'000	Bankschulden ...	Mietaufwand 1'000	Verkauf ...
Transitorische Aktiven 0	Aktienkapital ...	Personalaufwand ...	
Bilanzsumme ...	...		

Am 12. Dezember 2022 wurde somit folgende Buchung getätigt: *Mietaufwand/Kontokorrent 1'000*.

Ende 2022 wird die Jahresrechnung erstellt. Der im Voraus bezahlte Betrag von CHF 1'000 für die Miete betrifft das nächste Jahr. Er darf

2. Teil Jahresabschluss

deshalb erst im Jahr 2023 als Aufwand verbucht werden. Folglich muss dieser Aufwand auf das nächste Jahr übertragen werden.

Bilanz 31.12.2022

Aktiven	Passiven
Kontokorrent 9'000	Bankschulden ...
Transitorische Aktiven 1'000	Aktienkapital ...
Bilanzsumme ...	...

Erfolgsrechnung 31.12.2022

Aufwand	Ertrag
Mietaufwand 0	Verkauf ...
Personalaufwand ...	

Am 31. Dezember 2022 wurde die folgende Buchung vorgenommen: *Transitorische Aktiven/Mietaufwand 1'000*.

Bilanz 1.1.2023

Aktiven	Passiven
Kontokorrent 9'000	Bankschulden ...
Transitorische Aktiven 0	Aktienkapital ...
Bilanzsumme ...	...

Erfolgsrechnung 1.1.2023

Aufwand	Ertrag
Mietaufwand 1'000	Verkauf ...
Personalaufwand ...	

Im Folgejahr werden die CHF 1'000 als Aufwand belastet: *Mietaufwand/Transitorische Aktiven 1'000*.

Beispiel 2 (Ertragsvortrag): Am 12. Dezember 2022 erhält das in der Vermietung von Liegenschaften tätige Unternehmen X die Miete von CHF 1'000 für das Jahr 2023 im Voraus.

Bilanz 12.12.2022

Aktiven	Passiven
Kontokorrent 10'000	

Erfolgsrechnung 12.12.2022

Aufwand	Ertrag
	Mietertrag 1'000

§ 9 Grundsätze ordnungsmässiger Rechnungslegung

Die am 12. Dezember 2022 erfolgte Verbuchung sieht wie folgt aus: *Kontokorrent/Mietertrag 1'000*.

Beim Jahresabschluss Ende 2022 wird der im Voraus erhaltene Betrag von CHF 1'000 für die Miete auf das nächste Jahr übertragen, da dies Ertrag des Jahres 2023 darstellt (Buchung: *Mietertrag/Transitorische Passiven 1'000*).

Bilanz 31.12.2022

Aktiven	Passiven
Kontokorrent 10'000	
	Transitorische Passiven 1'000

Erfolgsrechnung 31.12.2022

Aufwand	Ertrag
	Mietertrag 0

Im Geschäftsjahr 2023 werden die CHF 1'000 als Ertrag verbucht (Buchung: *Transitorische Passiven/Mietertrag 1'000*).

Bilanz 1.1.2023

Aktiven	Passiven
Kontokorrent 10'000	
	Transitorische Passiven

Erfolgsrechnung 1.1.2023

Aufwand	Ertrag
	Mietertrag 1'000

Beispiel 3 (Aufwandnachtrag): Das Unternehmen X zahlt am 15. Januar 2023 Darlehenszinsen für das Jahr 2022 in der Höhe von CHF 500.

Bilanz 31.12.2022

Aktiven	Passiven
Kontokorrent 10'000	Transitorische Passiven 500

Erfolgsrechnung 31.12.2022

Aufwand	Ertrag
Zinsaufwand 500	

Am 31. Dezember 2022 wird der Zinsaufwand verbucht. Als Gegenposten agieren die transitorischen Passiven (Zahlungsanspruch des Darlehensgebers)

Buchung: *Zinsaufwand/Transitorische Passiven 500*

Bilanz 15.1.2023

Aktiven	Passiven		
Kontokorrent 9'500	Transitorische Passiven 0		

Erfolgsrechnung 15.1.2023

Aufwand	Ertrag

Bei der Zahlung der Zinsen am 15. Januar 2023 sieht die Buchung wie folgt aus: *Transitorische Passiven/Kontokorrent 500*

Beispiel 4 (Ertragsnachtrag): Das Unternehmen X erhält am 15. Januar 2023 Darlehenszinsen in der Höhe von CHF 500, welche jedoch den Ertrag des Jahres 2022 darstellen.

Bilanz 31.12.2022

Aktiven	Passiven
Kontokorrent 10'000	
Transitorische Aktiven 500	

Erfolgsrechnung 31.12.2022

Aufwand	Ertrag
	Zinsertrag 500

Am 31. Dezember 2022 wird der Zinsertrag verbucht. Als Gegenposten agieren die transitorischen Aktiven (Zahlungsanspruch gegenüber dem Darlehensnehmer).

Buchung: *Transitorische Aktiven/Zinsertrag 500*

§ 9 Grundsätze ordnungsmässiger Rechnungslegung

Bilanz 15.1.2023

Aktiven	Passiven
Kontokorrent 10'500	
Transitorische Aktiven 0	

Erfolgsrechnung 15.1.2023

Aufwand	Ertrag

Beim Eingang der Zahlung am 15. Januar 2023 sieht die Buchung wie folgt aus: *Kontokorrent/Transitorische Aktiven 500*

c. Quellen

OR	Art. 958b Abs. 1 OR
HWP	HWP, BF&RL2023, III.2.13, S. 182 ff.
Swiss GAAP FER	Swiss GAAP FER Rahmenkonzept Ziff. 11, 12
IFRS	IAS 1.27 f.

10. Neutralität *(Neutrality)*

Das Prinzip der Neutralität *(neutrality)* verlangt, dass der Abschluss willkür- und wertfrei darzustellen ist. Die im Abschluss enthaltenen Informationen müssen neutral, also frei von verzerrenden Einflüssen sein. Abschlüsse sind nicht neutral, wenn sie durch die Auswahl oder die Darstellung der Informationen eine Entscheidung oder Beurteilung beeinflussen, um dadurch ein vorher festgelegtes Resultat oder Ergebnis zu erzielen.

Quellen:

IFRS	IFRS Framework 36

11. Zeitnähe *(Timeliness)*

Die Rechnungslegung muss in Zeitnähe zum offengelegten Sachverhalt vorgenommen werden. Die Bilanzierenden müssen unter dem Gesichtspunkt des Entscheidungsnutzens eine Abwägung zwischen möglichst früher, aber möglicherweise unzuverlässiger und späterer, zuverlässigerer Offenlegung vornehmen. Das kann dazu führen, dass ein erkanntes, aber noch nicht genau quantifizierbares Risiko zuerst als Rückstellung und erst in einer späteren Bilanz als Schuld aufgenommen wird.

Quellen:

| IFRS | IFRS Framework 43 |

12. Kosten-Nutzen-Verhältnis *(Cost-benefit balance)*

Die einzelnen Rechnungslegungsvorschriften dürfen das Unternehmen nicht über Gebühr belasten. Der Nutzen der Offenlegung muss stets grösser sein als die Kosten der Informationsbeschaffung und -offenlegung. Hierdurch wird berücksichtigt, dass die Bereitstellung zusätzlicher Informationen die Fremdkapitalaufwendungen senken und dies das Rating des Unternehmens verbessern kann. Es besteht also ein Ermessensspielraum des Bilanzierenden.

Quellen:

| IFRS | IFRS Framework 44 |

§ 10 Bestandteile des Jahresabschlusses

1. Grundlagen

Der Verwaltungsrat erstellt für jedes Geschäftsjahr einen Geschäftsbericht, der sich aus der Jahresrechnung, dem Lagebericht und einer Konzernrechnung zusammensetzt, soweit das Gesetz Letztere verlangt.

Die Bilanz und die Erfolgsrechnung können in Konto- oder in Staffelform dargestellt werden (Art. 958d Abs. 1 OR; Swiss GAAP FER 3 Ziff. 12). In der Jahresrechnung sind neben den Zahlen für das Geschäftsjahr die entsprechenden Werte des Vorjahres anzugeben. Werte müssen in der Landeswährung angegeben werden (Art. 958d Abs. 3 OR). Fremdwährungspositionen werden zum Devisenkurs am Bilanzstichtag eingesetzt. Der verwendete Umrechnungskurs ist im Anhang offenzulegen (Art. 958d Abs. 3 OR). Die Rechnungslegung erfolgt in einer der Landessprachen oder in Englisch (Art. 958d Abs. 4 OR). Die Werte einer Konzernrechnung können auch in einer Fremdwährung angegeben werden.

Jahresrechnung nach OR (Art. 958 OR)	Jahresrechnung nach Swiss GAAP FER	Jahresrechnung nach IFRS
Bilanz (Art. 959 OR)	Bilanz (Swiss GAAP FER 3)	Bilanz (Statement of financial position; IAS 1.54–80A)
Erfolgsrechnung (Gewinn- und Verlustrechnung; Art. 959b OR)	Erfolgsrechnung (Gewinn- und Verlustrechnung; Swiss GAAP FER 3)	Erfolgsrechnung (Gewinn- und Verlustrechnung; Income statement; IAS 1.81–105)
	Eigenkapitalnachweis (Swiss GAAP FER 24)	Eigenkapitalveränderungsrechnung (Statement of changes in equity; IAS 1.106–110)

2. Teil Jahresabschluss

Cash-Flow-Rechnung für grössere Unternehmen (Art. 961b OR)	Cash-Flow-Rechnung (Geldflussrechnung; Swiss GAAP FER 4)	Cash-Flow-Rechnung (Kapitalflussrechnung; Statement of cash flows; IAS 1.111; IAS 7)
Anhang (für grössere Unternehmen zudem der Lagebericht [bei AG: Art. 959c, 961c OR])	Anhang und Lage-/ Jahresbericht (Swiss GAAP FER 6, Swiss GAAP FER Rahmenkonzept Ziff. 34)	Anhang (Anhang; Notes; IAS 1.112–138; ferner IAS 1.77–80A, 90–96, 97–106 und 106A–110)

2. Weitere Berichterstattungspflichten

a. Vergütungsbericht

Der Verwaltungsrat von Publikumsgesellschaften ist verpflichtet, einen Vergütungsbericht zu erstellen, welcher durch die Revisionsstelle zu prüfen ist. Im Vergütungsbericht sind alle Vergütungen anzugeben, welche die Gesellschaft direkt oder indirekt an die Mitglieder des Verwaltungsrats, der Geschäftsleitung und des Beirats ausgerichtet hat (Art. 734a Abs. 1 OR).

Im Vergütungsbericht sind zudem die Gründe anzugeben, weshalb die Geschlechter nicht wie vorgesehen vertreten sind (jedes Geschlecht mindestens zu 30 % im Verwaltungsrat und zu 20 % in der Geschäftsleitung), und die Massnahmen zur Förderung des weniger stark vertretenen Geschlechts.

Quellen:

OR	Art. 732 ff. OR
HWP	HWP, BF&RL2023, II.10, S. 105 f.
Swiss GAAP FER	Swiss GAAP FER 6
IFRS	IAS 1.112 ff.

b. Transparenz über nichtfinanzielle Belange

Für grössere Publikumsgesellschaften und FINMA-regulierte Unternehmen wurden nichtfinanzielle Berichterstattungs- und Sorgfaltspflichten in den folgenden Bereichen eingeführt: Umwelt, Soziales, Arbeitnehmende, Menschenrechtsachtung und Bekämpfung der Korruption (Art. 964a ff. OR). Die Sorgfaltspflichten betreffen unter Anwendung des *best effort*-Ansatzes insbesondere die Compliance-Organisation, das Managementsystem, den Risikomanagementplan und die externen Prüfungen der Unternehmen.

c. Transparenz bei Rohstoffunternehmen

In Anlehnung an die gesetzlichen Regelungen in der EU (EU-Richtlinien 2013/34 und 2013/50) und den USA werden Unternehmen, die (i) zu einer ordentlichen Revision verpflichtet sind und (ii) im Bereich der Gewinnung von Mineralien, Erdöl oder Erdgas oder des Einschlags von Holz in Primärwäldern tätig sind, verpflichtet, alle Zahlungen an ausländische Behörden offenzulegen, die den kumulierten Betrag von CHF 100'0 00 pro Jahr übersteigen (Art. 964d ff. OR).

d. Sorgfalts- und Transparenzpflichten bezüglich Konfliktmineralien und Kinderarbeit

Der Gesetzgeber sieht vor, dass gewisse Unternehmen betreffend Sorgfalts- und Transparenzpflichten bezüglich Konfliktmineralien und Kinderarbeit Bericht erstatten müssen (Art. 964j ff. OR). Diese Sorgfalts- und Transparenzpflichten gelten für Unternehmen ab einer bestimmten Größe, die (i) Produkte oder Dienstleistungen – auch weltweit – anbieten, bei denen der begründete Verdacht besteht, dass sie von Kindern hergestellt oder erbracht wurden oder (ii) in der Schweiz zinn-, tantal-, wolfram- oder goldhaltige Mineralien oder Metalle aus Konflikt- und Hochrisikogebieten in den freien Verkehr bringen oder bearbeiten. Das oberste Leitungs- oder Verwaltungsorgan erstattet jährlich Bericht über die Erfüllung der Sorgfaltspflichten (Art. 964l Abs. 1 OR).

§ 11 Bilanz *(Statement of financial position)*

1. Bilanz nach OR und Swiss GAAP FER

Die Bilanz ist ein Abbild der Gesellschaft an einem bestimmten Stichtag. Sie erteilt Auskunft über die Vermögenswerte, die Eigenmittel, die Verbindlichkeiten und die Rückstellungen. Im Rechnungslegungsrecht ist eine minimale Gliederung zwingend vorgeschrieben (Art. 959a OR).

Die Bilanz zeigt unter der Kolonne «Passiven» die Mittelherkunft (Eigenkapital, Gewinnvorträge, Fremdkapital) und unter der Kolonne «Aktiven» die Mittelverwendung (Werte der Gesellschaft). Folglich sind die beiden Grössen immer identisch, denn jede Form der Mittelherkunft (Passiven) führt zu irgendeiner Form der Mittelverwendung (Aktiven). Für die Darstellung des Verlustvortrags gibt es zwei Möglichkeiten. Zum einen kann der Verlust als positiver Betrag bei den Aktiven dargestellt werden. Das zeigt dann zwar das Ergebnis der Mittelverwendung (nämlich die Verlusterzielung), ist aber auch irreführend. Aus diesem Grunde verlangen die Gliederungsvorschriften, dass der Verlustvortrag unter dem Eigenkapital (Passiven) als Minusposten aufgeführt wird. Diese Form der Darstellung verhindert auch, dass durch hohe Verluste die Bilanzsumme aufgebläht wird. Die Bilanz zeigt somit, mit welchem Ergebnis die zur Verfügung stehenden Mittel verwendet worden sind.

Aktiven (= Mittelverwendung)	Passiven (= Mittelherkunft)
Vermögenswerte	Fremdkapital
	Eigenkapital
	Gewinne(/Verluste [–])

Diese mittelverwendungsbezogene Darstellung verliert allerdings mit zunehmendem Einfluss der angelsächsischen Betrachtungsweise zu Lasten einer Darstellung an Bedeutung, die auf diese bei-

§ 11 Bilanz (Statement of financial position)

den Oberbegriffe verzichtet und die Bilanz in Aktiven (hier verstanden als *assets*), Verbindlichkeiten *(liabilities),* Eigenkapital *(equity)* und Verlustvorträge *(accrued losses)* aufteilt und in Staffelform darstellt (vgl. dazu Ziff. 2, S. 50 f.).

Aktiven (Assets)	Verbindlichkeiten (Liabilities)
Vermögenswerte müssen als Aktiven bilanziert werden, wenn (kumulativ) – auf Grund vergangener Ereignisse über sie verfügt werden kann, – ein Mittelzufluss wahrscheinlich ist und – ihr Wert verlässlich geschätzt werden kann. Andere Vermögenswerte dürfen nicht bilanziert werden.	Verpflichtungen müssen als Verbindlichkeiten bilanziert werden, wenn sie – durch vergangene Ereignisse bewirkt wurden, – ein Mittelabfluss wahrscheinlich ist und – ihre Höhe verlässlich geschätzt werden kann. Fiktive Verpflichtungen dürfen nicht bilanziert werden.

Beispiel: Bezug zwischen Bilanz und Erfolgsrechnung

Das Unternehmen X kauft eine Maschine für CHF 1'000.

Variante 1: Das Unternehmen schreibt die Maschine noch im gleichen Jahr vollständig ab oder verbucht den Kaufpreis als Aufwand.

Bilanz Jahr 1　　　　　　　　　　Erfolgsrechnung Jahr 1

Aktiven		Passiven		Aufwand		Ertrag	
Maschine	0	Bankschuld	...	Abschreibungen Maschine	1'000	Verkauf	...
Waren	...	Aktienkapital	...	Personal	...		
Bilanzsumme	...	Bilanzsumme	...	Saldo	...	Saldo	...

Variante 2: Das Unternehmen aktiviert die Maschine zu 500 und macht eine Abschreibung von 500.

2. Teil Jahresabschluss

Bilanz Jahr 1

Aktiven	Passiven
Maschine 500	Bankschuld ...
Waren ...	Aktienkapital ...
Bilanzsumme ...	Bilanzsumme ...

Erfolgsrechnung Jahr 1

Aufwand	Ertrag
Abschreibungen Maschine 500	Verkauf ...
Personal ...	
Saldo ...	Saldo ...

Variante 3: Das Unternehmen aktiviert die Maschine voll zu 1'000 und macht keine Abschreibung.

Bilanz Jahr 1

Aktiven	Passiven
Maschine 1'000	Bankschuld ...
Waren ...	Aktienkapital ...
Bilanzsumme ...	Bilanzsumme ...

Erfolgsrechnung Jahr 1

Aufwand	Ertrag
Abschreibungen Maschine 0	Verkauf ...
Personal ...	
Saldo ...	Saldo ...

Die sofortige Abschreibung der Maschine führt zu einer Vorverlagerung, die spätere Abschreibung zu einer Verschiebung des Aufwandes.

2. Bilanz nach IFRS

Die klassische Gliederung in Aktiven und Passiven, welche die Mittelherkunft der Mittelverwendung gegenüberstellt, ist für IFRS-Abschlüsse weniger gebräuchlich. Die Bilanz wird meistens in der Staffelform dargestellt. Es wird unterteilt in Aktiven (hier verstanden als *assets),* Verbindlichkeiten *(liabilities)* und Eigenkapital *(Equity).* IAS 1.54 bestimmt, welche Sachverhalte mindestens aus der Bilanz hervorgehen müssen.

§ 11 Bilanz (Statement of financial position)

Der Aufbau der IAS-Bilanz ist in IAS 1.54–80A («Balance Sheet») geregelt, wobei IAS 1.60 den Unternehmen zwei grundsätzliche Möglichkeiten zur Bilanzgliederung einräumt:

- **Gliederung nach Fristigkeit** (auf der Aktivseite «current assets» sowie «non-current assets» und korrespondierend auf der Passivseite «current liabilities» und «non-current liabilities») als **Regelfall**;
- **Gliederung von** «assets» **und** «liabilities» jeweils nach ihrer Liquiditätsnähe als **Ausnahmefall**.

Bilanzbeispiel nach IFRS:

Assets

Ein **Vermögenswert** *(asset)* ist eine in der Verfügungsmacht des Unternehmens stehende Ressource, die ein Ergebnis der Ereignisse der Vergangenheit darstellt und von der erwartet wird, dass dem Unternehmen aus ihr zukünftiger wirtschaftlicher Nutzen zufliesst (IFRS Framework 53 ff.).

Kurzfristige Vermögenswerte:
- Vorräte
- Forderungen aus Lieferungen
- Leistungen
- Flüssige Mittel

Langfristige Vermögenswerte:
- Sachanlagen
- Finanzanlagen

Liabilities and equity

Eine **Schuld** *(liability)* ist eine gegenwärtige Verpflichtung des Unternehmens aus Ereignissen der Vergangenheit, von deren Erfüllung erwartet wird, dass aus dem Unternehmen Ressourcen abfliessen, die wirtschaftlichen Nutzen verkörpern (IFRS Framework 60 ff.). Es handelt sich hierbei stets um reine Aussenverpflichtungen. Dies schliesst den Ansatz von Aufwandsrückstellungen aus.

> Eigenkapital *(equity)* ist der nach Abzug aller Schulden verbleibende Restbetrag der Vermögenswerte des Unternehmens (IFRS Framework 65 ff.). Ob es sich um Eigen- oder Fremdkapital handelt – im Sinne der Berechnung also um Saldogrösse oder Abzugsposten –, beurteilt sich allein nach der Rückzahlungspflicht.
>
> **Eigenkapital**
>
> Kurzfristige Verbindlichkeiten:
> – kurzfristige Finanzverbindlichkeiten
> – sonstige kurzfristige Verbindlichkeiten
> – Verbindlichkeiten aus Lieferungen und Leistungen
>
> Langfristige Verbindlichkeiten:
> – Anleihen
> – langfristige Rückstellungen
> – langfristige Finanzverbindlichkeiten
> – sonstige langfristige Verbindlichkeiten

§ 12 Erfolgsrechnung bzw. Gewinn- und Verlustrechnung

1. Grundlagen

Die Erfolgsrechnung (Gewinn- und Verlustrechnung, Betriebsrechnung, *income statement*) zeigt die Aufwendungen und Erträge einer Geschäftsperiode (in der Regel eines Geschäftsjahres) und stellt sie einander gegenüber, woraus sich das Ergebnis der Geschäftstätigkeit (Gewinn bzw. Verlust) ergibt.

Für die Erfolgsrechnung wird im Rechnungslegungsrecht, in den Swiss GAAP FER sowie in den IFRS eine Mindestgliederung vorgeschrieben.

§ 12 Erfolgsrechnung bzw. Gewinn- und Verlustrechnung

Erträge *(income)* stellen eine Zunahme des wirtschaftlichen Nutzens in der Berichtsperiode in Form von Zuflüssen oder Erhöhungen von Vermögenswerten oder einer Abnahme von Schulden dar, die zu einer Erhöhung des Eigenkapitals führen, welche nicht auf eine Einlage der Anteilseigner zurückzuführen ist (IFRS Framework 74 ff.).

Aufwendungen *(expenses)* stellen eine Abnahme des wirtschaftlichen Nutzens in der Berichtsperiode in Form von Abflüssen oder Verminderungen von Vermögenswerten oder eine Erhöhung von Schulden dar, die zu einer Abnahme des Eigenkapitals führen, welche nicht auf Ausschüttungen an die Anteilseigner zurückzuführen ist (IFRS Framework 78 ff.).

Gewinne und Verluste *(gains and losses)* sind diejenigen Erträge und Aufwendungen, die sich zwar im Rahmen der gewöhnlichen Geschäftstätigkeit ergeben können, jedoch aus Vermögensumschichtungen, also Gewinnen und Verlusten aus dem Abgang von Vermögensgegenständen und Ähnlichem, resultieren.

Quellen:

OR	Art. 959b OR
HWP	HWP, BF&RL2023, III.3, S. 277 ff.
Swiss GAAP FER	Swiss GAAP FER 3 Ziff. 6 ff.
IFRS	IFRS Framework 49 ff.; IAS 1.81–105

2. Produktionserfolgsrechnung (Gesamtkostenverfahren)

Die Erfolgsrechnung kann als Produktions- oder als Absatzerfolgsrechnung erstellt werden. Bei der Produktionserfolgsrechnung (auch Gesamtkostenverfahren) werden die Aufwendungen in der Gewinn- und Verlustrechnung nach ihrer Art zusammengefasst (bspw. Abschreibungen, Materialeinkauf, Transportaufwand, Lohnzahlungen, Werbeaufwendungen) und nicht nach ihrer Zugehörigkeit den einzelnen Funktionsbereichen des Unternehmens zugeteilt. Diese Methode ist einfach anzuwenden, da keine Zuordnung von betrieblichen Aufwendungen zu einzelnen Funktionsbereichen erfolgen muss.

Bei der (Produktions-)Erfolgsrechnung nach dem Gesamtkostenverfahren werden die gesamten Kosten einer Periode von der Gesamtleistung (d.h. Umsatz, Bestandesänderungen und aktivierte Eigenleistungen) abgezogen. Bestandesänderungen und Eigenleistungen werden in derjenigen Periode erfasst, in der sie stattfinden.

Beispiel zum Gesamtkostenverfahren:

Umsatzerlöse		2'000
Sonstige Erträge		1'000
Veränderungen des Bestandes an Fertigerzeugnissen und unfertigen Erzeugnissen	300	
Aufwendungen für Roh-, Hilfs- und Betriebsstoffe	500	
Zuwendungen an Arbeitnehmer	400	
Aufwand für planmässige Abschreibungen	100	
Andere Aufwendungen	100	
Gesamtaufwand		−1'400
Ergebnis		1'600

3. Absatzerfolgsrechnung (Umsatzkostenverfahren)

Aufwendiger ist die Absatzerfolgsrechnung (auch Umsatzkostenverfahren). Hier werden in einem ersten Schritt die Aufwendungen nach ihrer funktionalen Zugehörigkeit als Bestandteile der Umsatzkosten unterteilt, beispielsweise in Aufwendungen für Vertriebs- oder Verwaltungsaktivitäten. Diese Methode liefert den Adressaten oft aussagekräftigere Informationen als die Aufteilung nach Aufwandsarten. Die Zuordnung von Aufwendungen zu Unternehmensfunktionen kann jedoch willkürlich sein und erhebliche Ermessensentscheidungen enthalten. Ein Beispiel für die Gliederung nach dem Umsatzkostenverfahren findet sich in IAS 1.103.

Beispiel zum Umsatzkostenverfahren:

Umsatzerlöse	2'000
Umsatzkosten	−800
Bruttogewinn	1'200
Sonstige Erträge	1'000
Vertriebskosten	−100
Verwaltungsaufwendungen	−400
Andere Aufwendungen	−100
Ergebnis	1'600

4. Wahl zwischen Umsatz- oder Gesamtkostenverfahren

Der Entscheid darüber, ob das Umsatzkosten- oder das Gesamtkostenverfahren gewählt wird, hängt vom jeweiligen Unternehmen ab. OR, Swiss GAAP FER und IFRS lassen beide Verfahren zu. Die US-GAAP schreiben für börsenkotierte Unternehmen zwingend das Umsatzkostenverfahren vor. Auch von nicht börsenkotierten Unternehmen wird in den USA ausschliesslich das Umsatzkostenverfahren angewendet.

Wenn die Bewertung der Bestände nach den gleichen Kriterien erfolgt, führt die Berechnung des Jahresüberschusses bei beiden Verfahren zum gleichen Ergebnis.

2. Teil Jahresabschluss

	Gesamtkostenverfahren	Umsatzkostenverfahren
Gliederung	Nach Kostenarten	Nach Funktionsbereichen oder Erzeugnisarten
Ausgewiesene Leistungen und Kosten	Alle in der Periode angefallenen Leistungen und Kosten	Die in der Periode abgesetzten Leistungen sowie deren Kosten
Betriebsergebnis	Umsatzerlöse +/– Lagerbestandsveränderungen – Gesamtkosten (alle in der Periode hergestellten Produkte/Verwaltungs- und Vertriebskosten)	Erlöse Herstellungskosten für abgesetzte Produkte Verwaltungs- und Vertriebskosten Erlöse – alle Kosten für abgesetzte Produkte
Bestandsveränderungen	Ausweis	Kein Ausweis
Folgen	Einfache Handhabung Analyse der Kostenarten (keine ausgebaute Kosten- und Kostenträgerrechnung notwendig) Erfolgsanalyse und -kontrolle für einzelne Produkte nicht möglich Inventur nötig zur Lagerstandermittlung	Schnelle Erfolgsermittlung Keine Inventur nötig, da Lagerbestände unberücksichtigt bleiben Produktorientierte Erfolgsanalyse Möglichkeit der Kostenartenanalyse Aufwendige Datenverarbeitung (Kostenstellen- und Kostenträgerstückrechnung erforderlich) Zusätzliche Angaben im Anhang erforderlich (Art. 959b Abs. 4 OR)

§ 13 Anhang *(Notes to financial statement)*

1. Grundlagen

Im Anhang (Art. 959c OR) werden zusätzliche Sachverhalte erläutert, die für das Verständnis der Jahresrechnung wesentlich sind. Der Anhang ist Bestandteil der Jahresrechnung. Er ergänzt und erläutert die Bilanz, Erfolgsrechnung, Geldflussrechnung sowie den Eigenkapitalnachweis (Swiss GAAP FER 6). Der Anhang dient dazu, Bilanz, Erfolgsrechnung und Mittelflussrechnung von Detailangaben zu entlasten.

2. Angabe der Rechnungslegungsmethoden (Art. 959c Abs. 1 Ziff. 1 OR)

Gemäss Art. 959c Abs. 1 Ziff. 1 OR müssen im Anhang Angaben zu den in der Jahresrechnung angewandten Grundsätzen gemacht werden, soweit diese nicht vom Gesetz vorgeschrieben sind.

Quellen:

OR	Art. 959c Abs. 1 Ziff. 1 OR
HWP	HWP, BF&RL2023, III.5.1, S. 305
Swiss GAAP FER	Swiss GAAP FER 6 Ziff. 2, 6
IFRS	IAS 1.117–124; 8

3. Angaben, Aufschlüsselungen und Erläuterungen zu Positionen von Bilanz und Erfolgsrechnung (Art. 959c Abs. 1 Ziff. 2 OR)

Zu den Angaben, Aufschlüsselungen und Erläuterungen gehören insbesondere auch Angaben über die Wirkungen von Fremdwährungsanpassungen, die im Periodenergebnis zu erfassen sind. Fremdwährungspositionen werden zum Devisenkurs am Bilanzstichtag eingesetzt. Der verwendete Umrechnungskurs ist im Anhang offenzulegen.

Quellen:

OR	Art. 959c Abs. 1 Ziff. 2 OR
HWP	HWP, BF&RL2023, III.5.2, S. 306 ff.
Swiss GAAP FER	Swiss GAAP FER 6
IFRS	IAS 1.112 ff.

4. Gesamtbetrag der aufgelösten stillen Reserven (Art. 959c Abs. 1 Ziff. 3 OR)

Anzugeben ist der Gesamtbetrag der aufgelösten Wiederbeschaffungsreserven und der darüber hinausgehenden stillen Reserven, soweit dieser den Gesamtbetrag der neu gebildeten derartigen Reserven übersteigt, wenn dadurch das erwirtschaftete Ergebnis wesentlich günstiger dargestellt wird (vgl. dazu auch § 23, S. 115 ff.).

Quellen:

OR	Art. 959c Abs. 1 Ziff. 3 OR
HWP	HWP, BF&RL2023, III.5.3, S. 308 f.

5. Weitere vom Gesetz verlangte Angaben (Art. 959c Abs. 1 Ziff. 4 OR)

Gestützt auf weitere Vorschriften des Rechnungslegungsrechts sind im Anhang Angaben zu machen, z.B. wenn vom Grundsatz der Fortführung abgewichen wird (vgl. dazu § 9 Ziff. 1, S. 28 ff.).

§ 13 Anhang (Notes to financial statement)

Quellen:

OR	Art. 959c Abs. 1 Ziff. 4 OR
HWP	HWP, BF&RL2023, III.5.4, S. 309 f.
Swiss GAAP FER	Swiss GAAP FER 6 Ziff. 4
IFRS	IAS 1.112 ff.

6. Firma oder Name sowie Rechtsform und Sitz des Unternehmens (Art. 959c Abs. 2 Ziff. 1 OR)

Die Angabe der Firma oder des Namens und der Rechtsform und des Sitzes des Unternehmens sind notwendig, um das Unternehmen zu identifizieren und als Referenz für die Einsichtnahme in das Handelsregister.

Quellen:

OR	Art. 959c Abs. 2 Ziff. 1 OR
HWP	HWP, BF&RL2023, III.5.5, S. 310

7. Angaben zu den Vollzeitstellen (Art. 959c Abs. 2 Ziff. 2 OR)

Nach Art. 959c Abs. 2 Ziff. 2 OR sind im Hinblick auf die Differenzierungen bei der Rechnungslegung und der Revision die Vollzeitstellen anzugeben.

Quellen:

OR	Art. 959c Abs. 2 Ziff. 2 OR
HWP	HWP, BF&RL2023, III.5.6, S. 310 f.

2. Teil Jahresabschluss

8. Beteiligungen (Art. 959c Abs. 2 Ziff. 3 OR)

Das geltende Recht verlangt die Angabe aller wesentlichen Beteiligungen, also die Aufschlüsselung der Bilanzzahl «Beteiligungen» in die einzelnen wesentlichen Beteiligungen und in einen Gesamtbetrag der übrigen Beteiligungen.

Quellen:

OR	Art. 959c Abs. 2 Ziff. 3 OR
HWP	HWP, BF&RL2023, III.5.7, S. 311

9. Eigene Anteile/Aktien (Art. 959c Abs. 2 Ziff. 4 und 5 OR)

Nach Art. 959c Abs. 2 Ziff. 4 und 5 OR müssen sowohl die Anzahl eigener Anteile, die das Unternehmen selbst oder die von ihm kontrollierten Unternehmen (Art. 963) halten, als auch der Erwerb und die Veräusserung eigener Anteile sowie die Bedingungen, zu denen sie erworben oder veräussert wurden, angegeben werden.

Eigene Aktien dürfen nicht wie früher aktiviert werden. Eigene Aktien sind somit keine Vermögenswerte mehr.

Quellen:

OR	Art. 959c Abs. 2 Ziff. 4, 5 OR
HWP	HWP, BF&RL2023, III.5.8, S. 311 f.
Swiss GAAP FER	Swiss GAAP FER 24 Ziff. 7, 9; 26 Ziff. 9
IFRS	IAS 1; 32.33–34

§ 13 Anhang (Notes to financial statement)

10. Restbetrag der Verbindlichkeiten aus kaufvertragsähnlichen Leasinggeschäften

Art. 959c Abs. 2 Ziff. 6 OR schreibt vor, im Anhang den Restbetrag der nicht bilanzierten Leasingverbindlichkeiten anzugeben, sofern diese nicht innert zwölf Monaten ab Bilanzstichtag auslaufen oder gekündigt werden können.

Quellen:

OR	Art. 959c Abs. 2 Ziff. 6 OR
HWP	HWP, BF&RL2023, III.5.9, S. 312 f.
Swiss GAAP FER	Swiss GAAP FER 6; 13 Ziff. 4, 5 Ziff.
IFRS	IFRS 16

11. Verbindlichkeiten gegenüber Vorsorgeeinrichtungen (Art. 959c Abs. 2 Ziff. 7 OR)

Nach Art. 959c Abs. 2 Ziff. 7 OR müssen im Anhang Angaben über Verbindlichkeiten gegenüber Vorsorgeeinrichtungen gemacht werden. Gemeint sind Schulden gegenüber der Pensionskasse, gestützt auf das BVG und Schulden gegenüber den Ausgleichskassen (AHV, IV).

Quellen:

OR	Art. 959c Abs. 2 Ziff. 7 OR
HWP	HWP, BF&RL2023, III.5.10, S. 313
Swiss GAAP FER	Swiss GAAP FER 16
IFRS	IAS 19; 26

12. Gesamtbeträge der Sicherheiten für Verbindlichkeiten Dritter (Art. 959c Abs. 2 Ziff. 8 OR)

Art. 959c Abs. 2 Ziff. 8 OR schreibt vor, dass im Anhang der Gesamtbetrag der für Verbindlichkeiten Dritter bestellten Sicherheiten anzugeben ist. Bürgschaften, Garantieverpflichtungen und Pfandbestellungen zu Gunsten Dritter führen im Ergebnis zum Risiko, dass Aktiven der Gesellschaft ohne Gegenleistung abfliessen. Wird dieses Risiko akut, kann sich die Notwendigkeit ergeben, Rückstellungen zu bilden (vgl. dazu § 21, S. 105 ff.), tritt es ein, müssen die entsprechenden Forderungen passiviert resp. der Betrag der Aktiven reduziert werden.

Quellen:

OR	Art. 959c Abs. 2 Ziff. 8 OR
HWP	HWP, BF&RL2023, III.5.11, S. 313 ff.
Swiss GAAP FER	Swiss GAAP FER 5 Ziff. 2, 3; 6Ziff.
IFRS	IAS 1.112 ff.; 37

13. Gesamtbeträge der zur Sicherung eigener Verbindlichkeiten verpfändeten oder abgetretenen Aktiven sowie der Aktiven unter Eigentums-vorbehalt (Art. 959c Abs. 2 Ziff. 9 OR)

Die zur Sicherung eigener Verbindlichkeiten verpfändeten oder abgetretenen Aktiven führen zu einem Verwertungsprivileg zu Gunsten einzelner Gläubiger. Das hat zur Folge, dass diese als Aktiva aufgeführten Werte nicht allen Gläubigern gleichermassen zur Verfügung stehen. Durch deren Darstellung im Anhang erkennen dies die nicht privilegierten Gläubiger.

§ 13 Anhang (Notes to financial statement)

Quellen:

OR	Art. 959c Abs. 2 Ziff. 9 OR
HWP	HWP, BF&RL2023, III.5.12, S. 315 f.
Swiss GAAP FER	Swiss GAAP FER 6 Ziff. 7Ziff.
IFRS	IAS 1.103 ff.; 2.36h; 16.74a; 38.122d; 40.75g

14. Eventualverpflichtungen (derivative Finanz-instrumente, Abnahme- und Lieferverpflichtungen sowie ähnliche Positionen; Art. 959c Abs. 2 Ziff. 10 OR)

Verpflichtungen des Unternehmens, die zu Schulden führen, werden als Passiva in die Bilanz aufgenommen. Bei im Anhang aufzuführenden Eventualverpflichtungen, insbesondere derivativen Finanzinstrumenten, Abnahme- und Lieferverpflichtungen, geht es um Pflichten, die noch nicht zu bilanzierbaren Schulden geführt haben. Das ist beispielsweise dann der Fall, wenn das Unternehmen mit einem Dritten vereinbart hat, dass dieser eine Sache mit Marktwert in der Zukunft zu einem festgelegten Wert übernimmt. Je nachdem, ob der zukünftige Marktwert unter oder über dem vereinbarten Veräusserungswert liegt, führt der Vertrag zu einem Vor- oder einem Nachteil des Unternehmens. Da der zukünftige Marktwert der Sache am Bilanzstichtag noch nicht feststeht und die Verpflichtung noch nicht besteht, kann der Anspruch oder die Verpflichtung nicht bilanziert werden.

Quellen:

OR	Art. 959c Abs. 2 Ziff. 10 OR
HWP	HWP, BF&RL2023, III.5.13, S. 317 ff.
Swiss GAAP FER	Swiss GAAP FER Ziff. 27 Ziff. 8, 20, 21
IFRS	IAS 1.112 ff.

2. Teil Jahresabschluss

15. Beteiligungsrechte und Optionen zu Gunsten von Mitarbeitern (Art. 959c Abs. 2 Ziff. 11 OR)

Unternehmen müssen im Anhang Beteiligungsrechte und Optionen auf solche Rechte angeben, die durch Leitungs- und Verwaltungsorgane und durch übrige Mitarbeiter des Unternehmens gehalten werden.

Quellen:

OR	Art. 959c Abs. 2 Ziff. 11 OR
HWP	HWP, BF&RL2023, III.5.14, S. 319
Swiss GAAP FER	Swiss GAAP FER 15
IFRS	IAS 24.17 ff.

16. Erläuterungen zu weiteren bedeutenden oder aussergewöhnlichen Einflüssen auf die Jahresrechnung (Art. 959c Abs. 2 Ziff. 12 OR)

Erläuterungen zu weiteren bedeutenden oder aussergewöhnlichen Einflüssen auf die Jahresrechnung sind ausdrücklich im Anhang zu vermerken.

Quellen:

OR	Art. 959c Abs. 2 Ziff. 12 OR
HWP	HWP, BF&RL2023, III.5.15, S. 320

17. Wesentliche Ereignisse nach dem Bilanzstichtag (Art. 959c Abs. 2 Ziff. 13 OR)

Unter einem Ereignis nach dem Bilanzstichtag werden vorteilhafte oder nachteilige Ereignisse verstanden, die zwischen dem Bilanzstichtag und dem Datum der Genehmigung der Jahresrechnung eintreten.

Ob ein Ereignis nach dem Bilanzstichtag im Sinn dieser Bestimmung vorliegt, bestimmt sich nach dem Zeitpunkt der Ursache, nicht nach dem Zeitpunkt der Kenntnisnahme. Ereignisse sind in der Jahresrechnung zu erfassen, wenn der Auslöser des Ereignisses zur Zeit des Bilanzstichtages bereits gegeben war. Ereignisse, deren auslösende Ursache erst nach dem Bilanzstichtag eintraten, werden in der Jahresrechnung nicht erfasst, sind aber als Ereignisse nach dem Bilanzstichtag im Anhang offenzulegen, wenn sie für die Urteilsbildung des Lesers der Jahresrechnung wesentlich sind.

Quellen:

OR	Art. 959c Abs. 2 Ziff. 13 OR
HWP	HWP, BF&RL2023, III.5.16, S. 320 ff.
Swiss GAAP FER	Swiss GAAP FER Rahmenkonzept Ziff. 28
IFRS	IAS 1.112 ff.; 10

18. Allenfalls Gründe, die zum vorzeitigen Rücktritt oder zur Abberufung der Revisionsstelle geführt haben (Art. 959c Abs. 2 Ziff. 14 OR)

Der vorzeitige Rücktritt oder die Abberufung der Revisionsstelle kann ein Indiz dafür sein, dass das Unternehmen versucht, seine wirtschaftliche Lage in der Jahresrechnung besser darzustellen, als sie der Wirklichkeit entspricht, und die Revisionsstelle mit diesem Vorgehen nicht einverstanden ist. Der entsprechende Hinweis im

Anhang ermöglicht Dritten, diesem Verdacht nachzugehen und Aufschlüsse zu verlangen. Es ist darauf hinzuweisen, dass die Revisionsstelle nur aus wichtigen Gründen abberufen werden kann (Art. 730a Abs. 4 OR), welche im Anhang aufzuführen sind.

Quellen:

OR	Art. 959c Abs. 2 Ziff. 14 OR
HWP	HWP, BF&RL2023, III.5.17, S. 322

19. Kapitalerhöhungen und Kapitalherabsetzungen, innerhalb des Kapitalbands (Art. 959c Abs. 2 Ziff. 15 OR)

Gemäss dem neuen Aktienrecht können die Statuten den Verwaltungsrat ermächtigen, während einer Dauer von längstens fünf Jahren das Aktienkapital innerhalb einer Bandbreite (Kapitalband) zu verändern (Art. 653s Abs. 1 OR). Die neue Bestimmung zum Anhang legt fest, dass der Anhang Angaben zu allen Kapitalerhöhungen und Kapitalherabsetzungen, die der Verwaltungsrat innerhalb eines Kapitalbands vorgenommen hat, enthalten muss, sofern diese nicht bereits aus der Bilanz oder der Erfolgsrechnung ersichtlich sind.

20. Angaben zu ausstehenden Anleihensobligationen

Unternehmen, die Anleihensobligationen ausstehend haben, müssen Angaben zu deren Beträgen, Zinssätzen, Fälligkeiten und zu den weiteren Konditionen machen (Art. 959c Abs. 4 OR).

Quellen:

OR	Art. 959c Abs. 4 OR
HWP	HWP, BF&RL2023, III.5.21, S. 323

21. Angaben über Gegenstand und Betrag von Aufwertungen

Unter bestimmten Voraussetzungen kann Anlagevermögen über den Beschaffungswert aufgewertet werden (vgl. dazu § 18 Ziff. 6 lit. c, S. 95). Gegenstand und Betrag der Aufwertungen sind im Anhang anzugeben.

Quellen:

OR	Art. 959c Abs. 1 Ziff. 2; 725c OR
HWP	HWP, BF&RL2023, II.6.3.5, S. 332

22. Brandversicherungswerte der Sachanlagen

Im alten Recht war der Brandversicherungswert im Anhang anzugeben. Der Brandversicherungswert von Sachanlagen entspricht in der Regel dem Wiederbeschaffungswert. Bei stark abgeschriebenen oder alten Sachanlagen, die nicht auf den aktuellen Wert aufgewertet wurden (vgl. dazu § 18 Ziff. 6 lit. c, S. 95), soll der Brandversicherungswert Rückschlüsse auf die Wertdifferenz zwischen dem aktivierten und dem wirklichen Wert und somit auf die Höhe der stillen Reserven ermöglichen.

Gemäss geltendem Rechnungslegungsrecht ist die Angabe der Brandversicherungswerte nicht mehr vorgesehen, weil im Brandversicherungswert kein verlässlicher Hinweis auf den wirklichen Wert liegt: Er kann zu tief sein, weil in ihm der Wert des Grundstücks nicht enthalten ist, oder zu hoch, wenn das Gebäude nur für das Unternehmen, aber nicht auch für Dritte nutzbar ist.

Quellen:

aOR vor 1.1.2013	Art. 663b Ziff. 4 aOR

23. Aussergewöhnliche Risiken

Die Form der Abbildung von Risiken in der Jahresrechnung hängt von der Eintretenswahrscheinlichkeit ab. Aussergewöhnliche Risiken, deren Eintretenswahrscheinlichkeit gering ist, sind im Anhang aufzuführen. Diese Vorschrift gilt nach Regelwerk, aber nicht nach OR. Über aussergewöhnliche schwebende Geschäfte und Risiken (z.B. Rechtsfälle) muss im Anhang auch dann orientiert werden, wenn die Voraussetzungen für eine Rückstellung noch nicht vorliegen (Swiss GAAP FER 6 Ziff. 3).

Sobald sich die Eintretenswahrscheinlichkeit des Risikos erhöht, sind Rückstellungen zu bilden (vgl. dazu § 21, S. 105 ff.); tritt das Risiko ein, ist die sich daraus ergebende Verpflichtung zu passivieren.

Übersicht:

Risiko	Folge
Gering und nicht aussergewöhnlich	Keine Abbildung
Gering, aber aussergewöhnlich	Erwähnung im Anhang (nach Regelwerk)
Wahrscheinlich	Rückstellung
Eingetreten	Passivierung der sich daraus ergebenden Verpflichtung

Quellen:

Swiss GAAP FER	Swiss GAAP FER 6 Ziff. 3Ziff.
IFRS	IAS 1.112 ff.

§ 14 Eigenkapitalveränderungsrechnung

Die Eigenkapitalveränderungsrechnung zeigt alle Wertbewegungen, die im Laufe des Jahres eine Veränderung des Eigenkapitals bewirkt haben. Sie zeigt tabellarisch für die Berichts- sowie die Vergleichsperiode den Anfangsbestand, den Endbestand und die Überleitung vom Anfangs- zum Endbestand jeder wesentlichen Eigenkapitalkomponente, wobei jede für die Beurteilung der Jahresrechnung wesentliche Bewegung separat darzulegen ist (Swiss GAAP FER 24 Ziff. 8).

Die Eigenkapitalveränderungsrechnung ist nach Rechnungslegungsstandards vorgeschrieben, nicht aber nach den Vorschriften des Rechnungslegungsrechts.

Gemäss Swiss GAAP FER 24 Ziff. 27 werden folgende Eigenkapitalkomponenten separat dargestellt:
- Gesellschaftskapital;
- Nicht einbezahltes Gesellschaftskapital (Minusposten);
- Kapitalreserven;
- Eigene Aktien (Minusposten);
- Einbehaltene Gewinne (Teil der Gewinnreserven);
- Neubewertungsreserven (Teil der Gewinnreserven);
- Allenfalls weitere wesentliche Komponenten;
- Total Eigenkapital.

Folgende Eigenkapitalveränderungen werden für die unter Swiss GAAP FER 24 Ziff. 27 aufgeführten Eigenkapitalkomponenten separat ausgewiesen:
- Kapitalerhöhungen und -herabsetzungen;
- Eigenkapitaltransaktionskosten;
- Erwerb eigener Aktien;
- Verkauf eigener Aktien;

- Reingewinn/-verlust;
- Gewinnausschüttungen/Dividenden;
- Veränderung der Neubewertungsreserven;
- Effekt von Änderungen von Grundsätzen der Rechnungslegung;
- Effekt von Fehlern;
- Allenfalls weitere wesentliche Erfolgspositionen, sofern eine andere Fachempfehlung deren Erfassung im Eigenkapital erlaubt oder verlangt.

Quellen:

Swiss GAAP FER	Swiss GAAP FER 3 Ziff. 4; 24
IFRS	IAS 1.106 ff.

§ 15 Cash-Flow-Rechnung *(Cash flow statement)*

1. Grundlagen

Die Cash-Flow-Rechnung (Art. 961b OR; Geldflussrechnung, auch Mittel- oder Kapitalflussrechnung, *cash flow statement*) enthält Angaben über die in der Berichtsperiode zu- und abgeflossenen flüssigen Mittel. Ihr Ziel ist es, Transparenz über den Zahlungsmittelstrom eines Unternehmens herzustellen. Dabei sollen die Veränderungen des Liquiditätspotentials im Zeitablauf quantifiziert und die Ursachen der Veränderungen dargestellt werden.

Das bedeutet, dass in der Cash-Flow-Rechnung nur Bargeldveränderungen *(cash items)* berücksichtigt werden. Sogenannte *non-cash items* (z.B. Sacheinlagen, Schenkungen, Finanzleasing) haben keine Auswirkung auf die Cash-Flow-Rechnung. Auf diese Geschäfte ist im Anhang hinzuweisen.

§ 15 Cash-Flow-Rechnung (Cash flow statement)

Die Begriffe «Geldflussrechnung», «Mittelflussrechnung», «Kapitalflussrechnung» und *«cash flow statement»* haben die gleiche Bedeutung. Eine korrekte Bezeichnung und zudem eine bessere Übersetzung des englischen Begriffs *«cash flow statement»* ist «Geldflussrechnung» oder «Mittelflussrechnung», wobei der deutsch/englische Begriff *«Cash-Flow-Rechnung»* in der Schweiz am gebräuchlichsten ist.

Nur Unternehmen, die von Gesetzes wegen zu einer ordentlichen Revision verpflichtet sind, sind zur Erstellung einer Cash-Flow-Rechnung verpflichtet (Art. 961 Ziff. 2 OR; vgl. dazu auch § 31 Ziff. 1, S. 148). Nach den Rechnungslegungsstandards Swiss GAAP FER und IFRS ist die Cash-Flow-Rechnung obligatorisch (Swiss GAAP FER 21 Ziff. 13; Swiss GAAP FER 4; IAS 1.8d; IAS 7).

In allen Gesellschaften ist die Cash-Flow-Rechnung aber fast immer Voraussetzung dafür, dass der Verwaltungsrat die Finanzkontrolle pflichtgemäss ausüben kann (Art. 716a Abs. 1 Ziff. 3 OR), und somit indirekt vorgeschrieben, wenn auch nicht als Teil der publizierten Jahresrechnung.

Die Cash-Flow-Rechnung ist gegliedert in die Betriebs-, Investitions- und Finanzierungstätigkeit der Gesellschaft.

Beispiel Cash-Flow-Rechnung:

Cash flow from operations	4'000
Cash flow from investing	−1'000
Cash flow from financing	−2'000
Net increase (decrease) in cash	1'000

Quellen:

OR	Art. 961 Ziff. 2; 961b; 716a Abs. 1 Ziff. 3 OR
Swiss GAAP FER	Swiss GAAP FER 4; 21 Ziff. 13
IFRS	IAS 1.8d; 7

2. Operativer Cash-Flow/Cash-Flow aus Betriebstätigkeit *(Operations activities/ cash flow from operations)*

Der **operative Cash-Flow** zeigt Mittelflüsse im unmittelbaren Zusammenhang mit der eigentlichen betrieblichen Tätigkeit, d.h. die Erwirtschaftung bzw. den Verzehr von flüssigen Mitteln im Rahmen der Beschaffung, Produktion, Administration und Umsatzerzielung. Er umfasst den liquiditätswirksamen Teil des operativen Ergebnisses sowie alle Veränderungen des Nettoumlaufvermögens. Der liquiditätswirksame Teil des operativen Ergebnisses kann direkt oder indirekt festgestellt werden.

Bei der **direkten Methode** wird der liquiditätswirksame Ertrag dem liquiditätswirksamen Aufwand gegenübergestellt. Sind die Einnahmen höher, ist der operative Cash-Flow positiv, sind die Ausgaben höher, ist der operative Cash-Flow negativ.

Werden die Einnahmen bzw. Erträge aus der Erfolgsrechnung entnommen, ist Folgendes zu beachten: Weil fakturierte, aber von den Kunden noch nicht bezahlte Rechnungen bereits ertragswirksam sind, ist vom Ertrag die Zunahme der Debitoren in Abzug zu bringen bzw. deren Abnahme hinzuzuzählen. Erst nach diesem Vorgang steht der tatsächliche liquiditätswirksame Ertrag fest. Das Gleiche gilt für den Aufwand: Für seine Berechnung sind die Veränderungen im Warenbestand und in den Kreditoren entsprechend zu berücksichtigen.

Berechnung des liquiditätswirksamen Ertrags:

Ertrag gemäss Erfolgsrechnung
+/− Veränderung Debitoren
= Liquiditätswirksamer Ertrag

§ 15 Cash-Flow-Rechnung (Cash flow statement)

Berechnung des liquiditätswirksamen Aufwands:

Aufwand gemäss Erfolgsrechnung	
+/–	Veränderung Kreditoren
+/–	Veränderung Warenbestand
=	Liquiditätswirksamer Aufwand

Bei der **indirekten Methode** wird der ausgewiesene Jahresgewinn auf das operative Ergebnis übergeleitet und um die nicht liquiditätswirksamen Erfolgsgrössen wie Abschreibungen, Bildung von Rückstellungen usw. korrigiert.

Der operative Cash-Flow ist die Ausgangsgrösse für die Feststellung des investiven, finanziellen und freien Cash-Flows.

Das Finanzergebnis (vor allem Zinsaufwand und -ertrag) wird, soweit es liquiditätswirksam war, oft der Finanzierungs- bzw. der Investitionstätigkeit zugewiesen.

Direkte Berechnung:

Einnahmen (= liquiditätswirksamer Ertrag)		6'000
Lohnaufwand	–4'000	
Steueraufwand	–500	
Zinsaufwand	–500	
Operativer Cash-Flow	1'000	

Indirekte Berechnung:

Jahresgewinn		300
Abschreibungen		500
Rückstellungen		100
Abnahme Debitoren		40
Abnahme Warenbestand		60
Operativer Cash-Flow	1'000	

3. Cash-Flow aus der Investitionstätigkeit *(Investing activities)*

Der Geldfluss aus der Investitionstätigkeit zeigt Mittelflüsse beim Kauf und Verkauf von Investitionsgütern wie z.B. Maschinen und Immobilien. Die Investitionstätigkeit umfasst Barkäufe und -verkäufe von Sach- und Finanzanlagen (inkl. Wertschriften), immateriellen Anlagen sowie die bar erhaltenen Zinsen und Dividenden. Es handelt sich somit vorwiegend um liquiditätswirksame Veränderungen im Rahmen der Bewirtschaftung des Anlagevermögens.

Berechnung des Cash-Flows aus der Investitionstätigkeit:

Verkauf Liegenschaft		2'000
Kauf Fahrzeuge	–2'500	
Investiver Cash-Flow	–500	

4. Cash-Flow aus der Finanzierungstätigkeit *(Financing activities)*

Der Cash-Flow aus der Finanzierungstätigkeit zeigt die Mittelflüsse aus der Aufnahme langfristiger Fremdkapitalien oder der Erhöhung des Eigenkapitals. Die Finanzierungstätigkeit beinhaltet die Aufnahme und Rückzahlung von Eigen- oder Fremdmitteln, die Begleichung von Zinsen und die Ausschüttung von Dividenden.

Berechnung des Cash-Flows aus der Finanzierungstätigkeit:

Aufnahme Hypothek		3'000
Gewinnausschüttung	–300	
Rückzahlung Darlehen	–700	
Finanzieller Cash-Flow	2'000	

5. Freier Cash-Flow *(Free cash flow)*

Der *Free Cash Flow* ist die Differenz zwischen dem Cash-Flow aus operativer Tätigkeit und dem Cash-Flow aus Investitionstätigkeit. Er stellt denjenigen Betrag dar, der nach Abzug der Investitionen vom operativen Cash-Flow übrig bleibt, um finanzierende Gläubiger und Aktionäre zu befriedigen, d.h. Schulden zurückzubezahlen und Dividenden auszuschütten.

6. Notwendigkeit der Gliederung der Cash-Flow-Rechnung in die drei Bereiche der Geschäftstätigkeit, der Investitionstätigkeit und der Finanzierungstätigkeit

Die Darstellung der Cash-Flow-Rechnung in die drei Bereiche der Geschäftstätigkeit, der Investitionstätigkeit und der Finanzierungstätigkeit ist vorgeschrieben und auch sachlich zwingend notwendig, um die Aussagekraft der Cash-Flow-Rechnung sicherzustellen. Ohne diese Dreiteilung ist die Cash-Flow-Rechnung nicht aussagekräftig, was sich aus den nachfolgenden drei Beispielen ohne weiteres ergibt, die alle einen Gesamt-Cash-Flow von –500 aufweisen.

Beispiel A:

Operativer Cash-Flow	500	
Investiver Cash-Flow	–500	(Free Cash Flow = 0)
Finanzieller Cash-Flow	–500	
(Gesamt-Cash-Flow	–500)	

Das Beispiel A zeigt ein gesundes Unternehmen, mit einem positiven operativen (es erzielt aus der Betriebstätigkeit einen positiven Cash-Flow) und einem negativen investiven Cash-Flow (es investiert netto 500) von je 500 resp. –500 und einem negativen finanziellen Cash-Flow von 500, der belegt, dass das Unternehmen in der

Lage ist, für seine Finanzierung zu bezahlen, sei es in der Form von Dividenden oder in der Form der Rückzahlung von Darlehen. Der Gesamt-Cash-Flow ist −500.

Beispiel B:

Operativer Cash-Flow	−500	
Investiver Cash-Flow	−500	(Free Cash Flow = −1'000)
Finanzieller Cash-Flow	500	
(Gesamt-Cash-Flow	−500)	

Das Beispiel B zeigt ein Unternehmen in der Startphase, das operativ einen negativen Cash-Flow von 500 erzielt, investiven Cash-Flow von −500 (das Unternehmen investiert 500) und einen finanziellen Cash-Flow von 500 (das Unternehmen nimmt Fremdkapital auf oder erhält Einzahlungen auf Grund einer Kapitalerhöhung). Auch hier beträgt der Gesamt-Cash-Flow −500.

Beispiel C:

Operativer Cash-Flow	−500	
Investiver Cash-Flow	500	(Free Cash Flow = 0)
Finanzieller Cash-Flow	−500	
(Gesamt-Cash-Flow	−500)	

Beim Beispiel C schliesslich liegt ein negativer operativer (−500) und ein positiver investiver Cash-Flow (500) vor. Der finanzielle Cash-Flow beträgt ebenfalls −500 (Gesamt-Cash-Flow auch hier −500). Das Unternehmen desinvestiert und leitet die gewonnene Liquidität an die Gesellschafter weiter oder zahlt Finanzverbindlichkeiten zurück. Obwohl alle drei Unternehmen den gleichen Gesamt-Cash-Flow haben (−500), ist die Aussage der Cash-Flow-Rechnung in jedem der drei Fälle eine völlig andere.

§15 Cash-Flow-Rechnung (Cash flow statement)

7. Funktion der Cash-Flow-Rechnung im System der finanziellen Berichterstattung

Die Bedeutung und die Notwendigkeit der Cash-Flow-Rechnung zeigen sich deutlich, wenn diese ins System der Berichterstattung im Rahmen der Jahresrechnung eingebettet wird. Diese Einbettung illustriert das nachfolgende Zahlenbeispiel. Das Beispiel ist aus didaktischen Gründen etwas vereinfacht. Es bewegt sich zwischen der Eröffnungsbilanz und der Schlussbilanz. Die Cash-Flow-Rechnung und die Erfolgsrechnung erlauben dem Leser der beiden Bilanzen zu erkennen, aus welchen Gründen sich die Zahlen in der Schlussbilanz gegenüber der Eröffnungsbilanz verändert haben. Das Beispiel zeigt, dass ohne Cash-Flow-Rechnung die der Berichterstattung zu entnehmenden Informationen ungenau und lückenhaft bleiben. Die jeweils mit derselben Hochzahl beziehungsweise Note versehenen Positionen beziehen sich auf den gleichen wirtschaftlichen Sachverhalt (Beispiel: In der Eröffnungsbilanz waren die Debitoren [Hochzahl «2»] mit 5 aktiviert. Am Ende des Jahres betragen sie 10. In der Cash-Flow-Rechnung wird die Differenz der beiden Beträge ebenfalls mit der Hochzahl «2» angegeben).

Eröffnungsbilanz

Aktiven		Passiven	
Flüssige Mittel[13]	50	Kreditoren[12]	100
Wertschriften[15]	30	Hypothek[10]	5
Debitoren[2]	5	Rückstellungen[17]	10
Warenvorrat[16]	10	Aktienkapital	85
Maschinen[9]	10	Gewinnvortrag[11]	5
Liegenschaften[7]	100		
Bilanzsumme	205	Bilanzsumme	205

2. Teil Jahresabschluss

Cash-Flow-Rechnung (direkte Methode)

Warenertrag[1]	300	
Veränderung Debitoren[2]	−5	
Warenaufwand[3]	−200	
Veränderung Kreditoren[12]	−10	
Lohnaufwand[4]	−40	
Steueraufwand[5]	−5	
Zinsaufwand[6]	−5	
Operativer Cash-Flow		35

Verkauf Liegenschaft[7]	75	
Wertschriftenertrag[8]	10	
Kauf neuer Maschinen[9]	−5	
Investiver Cash-Flow		80

Aufnahme Hypothek[10]	60	
Gewinnausschüttung[11]	−5	
Finanzieller Cash-Flow		55

Veränderung liquide Mittel[13]		170

§ 15 Cash-Flow-Rechnung (Cash flow statement)

Erfolgsrechnung		Schlussbilanz	
Aufwand	**Ertrag**	**Aktiven**	**Passiven**
Warenaufwand[3] 200	Warenertrag[1] 300	Flüssige Mittel[13] 220	Kreditoren[12] 90
Lohnaufwand[4] 40	Wertschriften ertrag[8] 10	Wertschriften[15] 25	Hypothek[10] 65
Steueraufwand[5] 5		Debitoren[2] 10	Rückstellungen[17] 10
Zinsaufwand[6] 5		Warenvorrat[16] 10	Aktienkapital 85
Wertberichtigung[15] 5		Maschinen[9] 15	Gewinnvortrag[14] 55
Gewinn[14] 55		Liegenschaften[7] 25	
		Bilanzsumme 305	305

Der Posten flüssige Mittel hat sich von 50 auf 220 verändert (N 13). Die Ursachen dieser Veränderung können nur der Cash-Flow-Rechnung entnommen werden, nicht der Erfolgsrechnung. Aus der Cash-Flow-Rechnung können der Saldo der Veränderung der liquiden Mittel von 170 entnommen werden (N 13) sowie die Geldflüsse der einzelnen Fonds, also 35 aus operativer Tätigkeit, 80 aus investiver Tätigkeit und 55 aus finanzieller Tätigkeit.

Der Posten Wertschriften hat sich von 30 auf 25 verändert (N 15). Die Ursache dieser Veränderung kann der Erfolgsrechnung entnommen werden. Auf den Wertschriften hat eine Wertberichtigung in Höhe von 5 stattgefunden (N 15). Der Cash-Flow-Rechnung lässt sich dies nicht entnehmen, da Wertberichtigungen nicht in die Cash-Flow-Rechnung einbezogen werden.

Der Posten Debitoren hat sich von 5 auf 10 verändert (N 2). Die Ursache dieser Veränderung kann nur der Cash-Flow-Rechnung entnommen werden, nicht der Erfolgsrechnung.

Die Veränderung der Debitoren ist Teil der operativen Tätigkeit. Indem die Debitoren um 5 gestiegen sind (N 2), sinkt der Cash-Flow aus operativer Tätigkeit um 5, da die Veränderung von 5 eine Erhöhung der Forderungen zeigt, das Geld aber noch nicht geflossen ist.

Der Posten Warenvorrat hat sich nicht verändert (N 16). Dies zeichnet sich weder in der Cash-Flow- noch in der Erfolgsrechnung ab.

Der Posten Maschinen hat sich von 10 auf 15 verändert (N 9). Die Ursache dieser Veränderung kann nur der Cash-Flow-Rechnung entnommen werden, nicht der Erfolgsrechnung. Es wurden neue Maschinen im Wert von 5 gekauft (N 9). Dies kann der Cash-Flow-Rechnung in der investiven Tätigkeit entnommen werden.

Die Liegenschaften sind in der Eröffnungsbilanz mit 100, in der Schlussbilanz mit 25 bewertet (N 7). Der Grund für diese Veränderung ist der Erfolgsrechnung nicht zu entnehmen, wohl aber der Cash-Flow-Rechnung. Sie ergibt sich als Teil des investiven Cash-Flows aus einem Erlös von 75 im Zusammenhang mit dem Verkauf der Liegenschaft (N 7).

Der Posten Kreditoren hat sich von 100 auf 90 verändert (N 12). Die Ursache dieser Veränderung kann nur der Cash-Flow-Rechnung entnommen werden, nicht der Erfolgsrechnung. Ein Kredit in Höhe von 10 wurde zurückbezahlt (N 12). Dies kann der Cash-Flow-Rechnung in der operativen Tätigkeit entnommen werden.

Der Posten Hypothek hat sich von 5 auf 65 verändert (N 10). Die Ursache dieser Veränderung kann nur der Cash-Flow-Rechnung entnommen werden, nicht der Erfolgsrechnung. Es wurde eine neue Hypothek in Höhe von 60 aufgenommen (N 10). Dies kann der Cash-Flow-Rechnung in der finanziellen Tätigkeit entnommen werden.

Der Posten Rückstellungen hat sich nicht verändert (N 17).

Der Posten Gewinnvortrag hat sich von 5 auf 55 verändert (N 11 und N 14). Die Ursachen dieser Veränderungen können zum Teil der Cash-Flow-Rechnung und zum Teil der Erfolgsrechnung entnommen werden. Der Gewinnvortrag der Eröffnungsbilanz wurde im Laufe des Geschäftsjahres ausgeschüttet, wodurch der Gewinnvortrag auf 0 sank (N 11). Dies kann der Cash-Flow-Rechnung (Cash-Flow aus finanzieller Tätigkeit) entnommen werden. Der Erfolgsrechnung lässt sich dann entnehmen, dass während des Geschäftsjahres ein Gewinn von 55 erwirtschaftet wurde, und dieser wird in den Gewinnvortrag der Schlussbilanz übertragen, wodurch dieser neu 55 beträgt (N 14). Die Veränderungen des Gewinnvortrags lassen sich also nur korrekt nachvollziehen, wenn sowohl die Cash-Flow- als auch die Erfolgsrechnung betrachtet werden.

Der Warenertrag von 300 figuriert sowohl in der Erfolgsrechnung als auch in der Cash-Flow-Rechnung (N 1). Dort ist er Bestandteil des Cash-Flows aus operativer Tätigkeit.

Ebenso sind der Warenaufwand (N 3), der Lohnaufwand (N 4), der Steueraufwand (N 5) und der Zinsaufwand (N 6) in der Erfolgsrechnung sowie der Cash-Flow-Rechnung in der operativen Tätigkeit abgebildet.

Der Wertschriftenertrag ist sowohl in der Erfolgsrechnung als auch in der Cash-Flow-Rechnung im Bereich der investiven Tätigkeit abgebildet (N 8).

§ 16 Lagebericht

Neben der Bilanz und der Erfolgsrechnung (Art. 961c OR) haben nur noch grössere Unternehmen einen Lagebericht (früher Jahresbericht) zu erstellen. Der Lagebericht ist eine verbale Berichterstattung, in welcher der Verwaltungsrat den Geschäftsverlauf und die wirtschaftliche Lage des Unternehmens sowie gegebenenfalls des Konzerns am Ende des Geschäftsjahres unter Gesichtspunkten darstellt, die in der Jahresrechnung nicht zum Ausdruck

2. Teil Jahresabschluss

kommen. Er enthält Aussagen zum wirtschaftlichen Umfeld (z.B. Marktentwicklung und Branchentrends, Konkurrenz, massgebende Rahmenbedingungen wie Konjunkturlage und Gesetzesänderungen) des vergangenen Jahres, kommentiert die Bestandteile der Jahresrechnung anhand wesentlicher Bilanz- und Erfolgskennzahlen und die weitere Entwicklung des Unternehmens, insbesondere des folgenden Geschäftsjahres, vor allem auch in Bezug auf Risiken und Chancen.

Der Lagebericht nennt die im Geschäftsjahr eingetretenen Kapitalerhöhungen und gibt die Prüfungsbestätigung wieder. Er ist nicht Gegenstand der Wirtschaftsprüfung.

Quellen:

OR	Art. 961c; 961 Ziff. 3 OR
Swiss GAAP FER	Swiss GAAP FER Rahmenkonzept Ziff. 34

3. Teil   Bewertungsvorschriften

§ 17 Bewertungsgrundsätze im Allgemeinen

1. Grundlagen

Die Bewertungsvorschriften bestimmen, mit welchem Betrag Aktiven und Passiven in der Bilanz bewertet werden, und somit direkt die Höhe des Eigenkapitals der Gesellschaft, seine Deckung durch die Aktiven, allenfalls auch das Vorliegen der Überschuldung und damit die Pflichten, die daran anknüpfen (Benachrichtigungspflicht des Richters gemäss Art. 725b Abs. 3 OR). Die Bewertungsvorschriften lassen sich einerseits den Grundsätzen ordnungsgemässer Rechnungslegung (vgl. dazu § 9, S. 28 ff.) und andererseits den einzelnen Bewertungsvorschriften entnehmen.

Die Bewertung innerhalb der einzelnen Bilanzpositionen hat einheitlich zu erfolgen. Für die Bewertung sachlich zusammenhängender Einzelpositionen sind in jedem Fall einheitliche Bewertungsregeln anzuwenden. Abweichungen von der für eine Bilanzposition gewählten Bewertungsgrundlage sind möglich, sofern sie sachlich begründet und im Anhang offengelegt werden (Art. 959c Abs. 1 Ziff. 1 OR). Der handelsrechtliche Abschluss hat nach den Bewertungsvorschriften des OR zu erfolgen. Für die konsolidierte Konzernrechnung besteht hingen die Möglichkeit, nach den Vorschriften der Rechnungslegungsstandards zu bewerten.

2. Fremdwährungsumrechnung

Die Umrechnung von Positionen, die in Fremdwährung geführt werden, erfolgt nach der Stichtagskurs-Methode. Sämtliche Vermögenswerte und Verbindlichkeiten werden zum Tageskurs des Bilanzstichtages umgerechnet (Swiss GAAP FER 2 Ziff. 6; Swiss GAAP FER 30 Ziff. 19; Art. 958d Abs. 3 OR).

3. Latente Steuern

Latente Steuern (sog. «temporäre Differenzen») können dadurch entstehen, dass der steuerrechtliche, handelsrechtliche und konzernrechtliche Gewinn voneinander abweichen.

Der steuerbare Gewinn orientiert sich immer am handelsrechtlich festgelegten Unternehmensgewinn (sog. «Massgeblichkeitsprinzip»).

Beispiel: Ein Unternehmen hat vor Jahren eine Liegenschaft für 1'000 erworben und führt sie zu diesem Betrag in der Bilanz. Tatsächlich kommt ihr aber ein Wert von 5'000 zu. Da das Anlagevermögen nicht aufgewertet werden darf (vgl. dazu § 18 Ziff. 6 lit. c, S. 95), resultiert aus dieser Wertvermehrung kein Gewinn. Steuerliche Folgen bleiben aus, weshalb auch keine Steuerschuld auszuweisen ist.

Nach Swiss GAAP FER und IFRS darf in der konsolidierten Bilanz das Anlagevermögen unter bestimmten Voraussetzungen auf den aktuellen Wert aufgewertet werden (vgl. dazu § 18 Ziff. 6 lit. c, S. 95). Wird eine solche Aufwertung vorgenommen, hat dies dennoch keinen direkten Einfluss auf die Steuern, da für ihre Bestimmung die handelsrechtliche Bilanz nach OR massgebend ist. Um die bei einer eventuellen, späteren Veräusserung des aufgewerteten Anlagevermögens fällig werdenden Steuern richtig abzubilden, sind gleichzeitig mit der Aufwertung die latenten Steuern, die sich als Folge des Gewinns ergeben würden, zu passivieren. Durch diesen Vorgang wird sichergestellt, dass die potentiellen Steuerfolgen einer Veräusserung des Anlagevermögens bereits im Zeitpunkt der erhöhten Aktivierung berücksichtigt werden.

Die Pflicht zur Aktivierung latenter Ertragssteuern besteht sowohl nach den Vorschriften der Swiss GAAP FER (Swiss GAAP FER 2 Ziff. 18; 11 Ziff. 5 ff.; 30 Ziff. 25 ff.) wie auch der IFRS (Ausweis der latenten Steuerschulden *[deferred tax liabilities]* und latenten Steueransprüche *[deferred tax assets];* IAS 12.15 ff.).

4. Annahme der Fortführung *(Going concern)*

Bei der Bewertung der einzelnen Aktiven ist von der Annahme auszugehen, dass das Unternehmen fortgeführt wird (vgl. dazu ausführlich § 9 Ziff. 1, S. 28 ff.).

5. Grundsatz der Einzelbewertung

Nach dem Prinzip der Einzelbewertung muss jeder Vermögenswert einzeln bewertet werden. Die Bilanz soll nicht nur gesamthaft, sondern auch in Bezug auf die Bewertung der einzelnen Aktiven richtig sein. Der Grundsatz der Einzelbewertung wurde allerdings im Rechnungslegungsrecht nicht umfassend umgesetzt.

Aktiven und Verbindlichkeiten müssen einzeln bewertet werden (Art. 960 Abs. 1 OR), sofern sie wesentlich sind und auf Grund ihrer Gleichartigkeit für die Bewertung nicht üblicherweise als Gruppe zusammengefasst werden (vgl. Swiss GAAP FER Rahmenkonzept Ziff. 25).

Das bedeutet, dass eine Wertverminderung eines Gegenstands innerhalb eines Bilanzpostens nicht ausgewiesen wird, wenn sie durch eine Wertvermehrung innerhalb des gleichen Postens «kompensiert» wird.

Dank dieser beschränkt möglichen «Gruppenbetrachtung», kann eine Wertberichtigung vermieden werden.

Beispiel: In der Bilanz des Unternehmens X sind folgende Grundstücke zum Erwerbswert aktiviert (Parzelle A 1'000, Parzelle B 1'000, Parzelle C 1'000). Im Folgejahr verändert sich der Marktwert der Grundstücke (Parzelle A 1'200, Parzelle B 800, Parzelle C 1'000).

Variante 1: Die Grundstücke sind einzeln in der Bilanz aktiviert.

3. Teil Bewertungsvorschriften

Bilanz Jahr 1

Aktiven		Passiven	Aufwand	Ertrag
Parzelle A	1'000	...	...	...
Parzelle B	1'000			
Parzelle B	1'000			

Erfolgsrechnung Jahr 1

Die Parzelle A bleibt mit 1'000 bewertet, da die Wertsteigerung bei Anlagevermögen nicht aktiviert werden darf (vgl. dazu § 18 Ziff. 6 lit. c, S. 95). Die Wertkorrektur bei der Parzelle B führt zu einem Aufwand zu Lasten der Erfolgsrechnung.

Bilanz Jahr 2 **Erfolgsrechnung Jahr 2**

Aktiven		Passiven	Aufwand	Ertrag
Parzelle A	1'000	...	Wertberechtigung Parzelle B 200	...
Parzelle B	800			
Parzelle B	1'000			

Variante 2: Alle drei Parzellen sind in der Bilanz in der Gruppe «Grundstücke» zusammengefasst worden.

Bilanz Jahr 1 **Erfolgsrechnung Jahr 1**

Aktiven	Passiven	Aufwand	Ertrag
Grundstücke 3'000	...	...	...

Bilanz Jahr 2 **Erfolgsrechnung Jahr 2**

Aktiven	Passiven	Aufwand	Ertrag
Grundstücke 3'000	...	...	...

Durch die Gesamtbetrachtung der Grundstücke als einheitlicher Bilanzposten könnte der Wertverlust der Parzelle B durch den

Wertzuwachs der Parzelle A aufgefangen werden. Das Gesamtbild erscheint besser. Das hätte im Ergebnis zur Folge, dass Sachanlagen aufgewertet werden können, aber nur, wenn sie Teil eines einheitlichen Bilanzpostens sind, in welchem andere Aktiven enthalten sind, die an Wert verlieren.

Swiss GAAP FER sieht in Rahmenkonzept Ziff. 25 ebenfalls die Einzelbewertung vor. In der Jahresrechnung gilt der Grundsatz der Einzelbewertung von Aktiven und Verbindlichkeiten. Ausnahmsweise können gleichartige Aktiven mit gleicher Qualität (z.B. Forderungen mit gleicher Laufzeit und mit vergleichbarem Ausfallsrisiko oder vergleichbaren Artikelgruppen) und Verbindlichkeiten in der Jahresrechnung gesamthaft bewertet werden (sog. «Gruppenbewertung»).

IFRS kennen einen strengen Grundsatz der Einzelbewertung. Eine «stille Saldierung» von Minder- und Mehrwerten innerhalb einer Gruppe von Wirtschaftsgütern zum Zwecke der Vermeidung einer Wertkorrektur ist nach IFRS nicht zulässig. Eine Einzelbewertung ist jedoch dann kein praktikables Verfahren, wenn viele Produkte beim Durchlaufen des Produktions- und Vertriebsprozesses ihre separate Identität verlieren. Für diese Fälle bestehen auch nach IFRS Verfahren, um solche Produkte gesamthaft zu erfassen.

6. Höchstwertprinzip

Bei ihrer erstmaligen Erfassung müssen die Aktiven zu den Anschaffungs- oder Herstellungskosten bewertet werden. In den Folgebewertungen dürfen die Aktiven grundsätzlich nicht höher bewertet werden. Die gesetzlich vorgeschriebenen Wertansätze für die Aktiven sind Höchstwerte und Wertobergrenzen. Höhere Bilanzansätze sind unzulässig.

Das Höchstwertprinzip gilt nach OR, nicht jedoch nach Swiss GAAP FER und IFRS. Die Rechnungslegungsstandards lassen Aufwertungen bestimmter Anlagevermögen zu, wenn deren Wert verlässlich festgestellt werden kann. Aufwertungen nach Swiss GAAP FER und IFRS sind insbesondere dann möglich, wenn das Anlagevermögen einen Ertragswert hat (vgl. dazu unten § 18 Ziff. 6 lit. c, S. 95).

Quellen:

OR	Art. 960a; 960b; 960c OR
Swiss GAAP FER	Swiss GAAP FER Rahmenkonzept Ziff. 26; Swiss GAAP FER 2
IFRS	IFRS Framework 37

7. Niederstwertprinzip/Vorsichtsprinzip

Im Zweifel sind die Werte vorsichtig, d.h. zu niedrig und keinesfalls zu hoch, zu bilanzieren (vgl. dazu ausführlich § 9 Ziff. 5, S. 34 f.).

8. Stichtagsprinzip

Die Aktiven und das Fremdkapital müssen auf einen bestimmten Stichtag hin bewertet werden. Der Bilanzstichtag ist jener Tag, auf den die Bilanz zurückbezogen wird, und nicht der effektive Bilanzierungstag (Zeitpunkt der Bilanzerrichtung). Negative Wertveränderungen nach dem Bilanzstichtag sind noch für das abgelaufene Geschäftsjahr zu beachten, sofern deren Ursachen vor dem Bilanzstichtag liegen. Umgekehrt aber dürfen positive Ereignisse nach dem Bilanzstichtag für das abgelaufene Geschäftsjahr in aller Regel nicht berücksichtigt werden.

Wichtige Ereignisse nach dem Bilanzstichtag sind im Anhang offenzulegen.

§ 18 Umlauf- und Anlagevermögen

1. Grundlagen

Gemäss Art. 959a OR weist die Bilanz folgende Umlauf- und Anlagevermögensposten aus:

> **Umlaufvermögen**
> - Flüssige Mittel und kurzfristig gehaltene Aktiven mit Börsenkurs
> - Forderungen aus Lieferungen und Leistungen
> - Übrige kurzfristige Forderungen
> - Vorräte und nicht fakturierte Dienstleistungen
> - Aktive Rechnungsabgrenzungen
>
> **Anlagevermögen**
> - Finanzanlagen
> - Beteiligungen
> - Sachanlagen
> - Immaterielle Werte
> - Nicht einbezahltes Grund-, Gesellschafter- oder Stiftungskapital

In der Praxis werden die Aktiven nach dem Liquiditätsprinzip geordnet. Das heisst, je schneller ein Aktivposten flüssig gemacht werden kann, desto weiter oben wird er platziert.

2. Flüssige Mittel/Forderungen

Flüssige Mittel werden zum Nominalwert und Forderungen zum Nominalwert unter Abzug allfälliger Wertbeeinträchtigungen bewertet. Wertberichtigungen bei Forderungen können sich ergeben, wenn die Zahlungsfähigkeit des Schuldners unsicher ist.

3. Teil Bewertungsvorschriften

Quellen:

OR	Art. 960; 960a OR
HWP	HWP, BF&RL2023, III.2.1, S.123 ff.
Swiss GAAP FER	Swiss GAAP FER 2 Ziff. 8
IFRS	IFRS 9; IAS 39

3. Vorräte und nicht fakturierte Dienstleistungen

Vorräte sind Rohmaterialien, Erzeugnisse in Arbeit, fertige Erzeugnisse und Handelswaren. Sie dürfen höchstens zu den Anschaffungs- bzw. Herstellungskosten bewertet werden.

Liegt in der Folgebewertung von Vorräten und nicht fakturierten Dienstleistungen der Veräusserungswert unter Berücksichtigung noch anfallender Kosten am Bilanzstichtag unter den Anschaffungs- oder Herstellungskosten, so muss dieser Wert eingesetzt werden (Art. 960c Abs. 1 OR). Diese Regel gilt auch nach Swiss GAAP FER 2 Ziff. 9: Die Bewertung der Vorräte erfolgt zu Anschaffungs- oder Herstellungskosten oder – falls dieser tiefer ist – zum Netto-Marktwert (sog. «Niederstwertprinzip»).

Die Anschaffungs- oder Herstellungskosten der Vorräte umfassen sämtliche – direkten und indirekten – Aufwendungen, welche benötigt wurden, um die Vorräte an ihren derzeitigen Standort bzw. in ihren derzeitigen Zustand zu bringen (sog. «Vollkosten»). Zur Ermittlung der Anschaffungs- und Herstellungskosten der Vorräte sind grundsätzlich die tatsächlich angefallenen Kosten massgebend. Die Berechnung der Kosten kann auch mittels einer Annäherungsrechnung erfolgen.

Nach Swiss GAAP FER 17 Ziff. 1 umfassen die Vorräte auch die bereits erbrachten, aber noch nicht fakturierten Dienstleistungen.

Die internen Kosten müssen aber eindeutig der spezifischen Dienstleistung zugeordnet werden können. Fakturierte Dienstleistungen werden als Debitoren aktiviert.

Quellen:

OR	Art. 960c OR
HWP	HWP, BF&RL2023, III.2.12, S. 170 ff.
Swiss GAAP FER	Swiss GAAP FER 2 Ziff. 9; 17 Ziff. 4
IFRS	IAS 2

4. Aktiven mit beobachtbaren Marktpreisen (Wertschriften und Handelswaren)

Aktiven mit beobachtbaren Marktpreisen dürfen zum Kurs am Bilanzstichtag bewertet werden, auch wenn dieser über dem Nennwert oder dem Anschaffungswert liegt (Art. 960b Abs. 1 OR).

Gestützt auf Art. 960b Abs. 2 OR kann bei einer Aufwertung von Aktiven eine Reserve zu Lasten der Erfolgsrechnung gebildet werden. Diese Schwankungsreserve ist eine Neubewertungsreserve; sie bewirkt, dass die Aufwertung der Wertschriften im Ergebnis nicht erfolgswirksam ist.

Nach altem Recht durften Wertschriften mit Kurswert, die nicht als Finanzanlagen gehalten werden, zum Durchschnittskurs des letzten Monats vor dem Bilanzstichtag bewertet werden, auch wenn dieser über dem Anschaffungswert liegt.

Wertschriften ohne Kurswert dürfen höchstens zu den Anschaffungskosten bewertet werden, unter Abzug der notwendigen Wertberichtigungen.

Nach den Rechnungslegungsstandards Swiss GAAP FER und IFRS sind die Wertschriften in der Regel zum jeweils am Bilanzstichtag gültigen, aktuellen Wert zu bilanzieren (Swiss GAAP FER 27

3. Teil Bewertungsvorschriften

Ziff. 4 ff.; 2 Ziff. 7; IFRS 9; IAS 39). Liegt kein aktueller Wert vor, dürfen sie höchstens zu den Anschaffungskosten abzüglich allfälliger Wertbeeinträchtigungen bewertet werden (Swiss GAAP FER 2 Ziff. 7). Handelswaren werden nach Swiss GAAP FER in der Regel zu den Anschaffungs- oder Herstellungskosten bewertet (Swiss GAAP FER 17 Ziff. 4 ff.).

Im Anhang muss auf die Bewertung hingewiesen werden. Der Gesamtwert der entsprechenden Aktiven muss je für Wertschriften und Handelswaren gesondert offengelegt werden (Art. 960b OR). Werden Wertschriften und Handelswaren zum Kurs bzw. Marktwert am Bilanzstichtag bewertet, dürfen Schwankungsreserven gebildet werden (Art. 960b Abs. 2 OR). Das bedeutet, dass Aufwertungen nicht zu (steuerbaren) Gewinnen führen müssen und Abwertungen zu Lasten geschaffener Aufwertungsreserven ohne Auswirkung auf den Ertrag erfolgen können.

Beispiel 1a: Zeitpunkt der Anschaffung der Wertschriften

Aktiven		Passiven	
Flüssige Mittel	500	Fremdkapital	800
Wertschriften	1'000	Aktienkapital/Reserven	700
Bilanzsumme	1'500	Bilanzsumme	1'500

Beispiel 1b: Jahr 2

Aktiven		Passiven	
Flüssige Mittel	500	Fremdkapital	800
Wertschriften	1'200 (+200)	Aktienkapital/Reserven	700
		Schwankungsreserve	200 (+200)
Bilanzsumme	1'700	Bilanzsumme	1'700

§ 18 Umlauf- und Anlagevermögen

Die Wertsteigerung der Wertschriften wird im Ergebnis erfolgsneutral erfasst und führt zur Bildung einer Schwankungsreserve im entsprechenden Umfang (Wertschriften an Aufwertungsertrag; Aufwand Bildung Schwankungsreserve an Schwankungsreserve).

Beispiel 1c: Jahr 3

Aktiven		Passiven	
Flüssige Mittel	500	Fremdkapital	800
Wertschriften	1'000 (−200)	Aktienkapital/Reserven	700
		Schwankungsreserve	0 (−200)
Bilanzsumme	1'500	Bilanzsumme	1'500

Die Wertkorrektur der Wertschriften führt zur Aufhebung der Schwankungsreserve und erfolgt somit erfolgsneutral.

Beispiel 1d: Jahr 4

Aktiven	Passiven	Aufwand	Ertrag
Flüssige Mittel 500	Fremdkapital 800	Wertberichtigung 200	
Wertschriften 800 (−200)	Aktienkapital/ Reserven 700		Verlust 200
	Verlust −200		
Bilanzsumme 1'300	1'300		

Der Wert der Wertschriften sinkt unter den Wert im Zeitpunkt der Erstbewertung, es besteht keine Schwankungsreserve mehr. Die entsprechende Wertkorrektur ist somit erfolgswirksam.

3. Teil Bewertungsvorschriften

Quellen:

OR	Art. 960b OR
HWP	HWP, BF&RL2023, II.12.3, S. 126 ff.
Swiss GAAP FER	Swiss GAAP FER 2 Ziff. 7; 27 Ziff. 4 ff.
IFRS	IFRS 9; IAS 39

5. Anlagen in Produktion

Anlagen in Produktion sind Umlaufvermögen, da sie nicht mit der Absicht langfristiger Nutzung gehalten werden. Die Anlagen in Produktion werden zu den effektiven bis zum Bilanzstichtag aufgelaufenen Herstellungskosten aktiviert. Der Gewinn aus der Herstellung wird erst nach der Veräusserung des hergestellten Gutes ausgewiesen.

Eine genauere Zuordnung des Gewinns auf die Herstellungsdauer ergibt sich nach der **Percentage-of-Completion-Methode (sog. «POC-Methode»)**. Die Rechnungslegungsstandards schreiben die Bewertung von Anlagen in Produktion (langfristige Aufträge) nach der POC-Methode vor (Swiss GAAP FER 22; IFRS 15). Bei der POC-Methode wird neben den Anschaffungs- und Herstellungskosten sowie weiteren auftragsbezogenen Aufwendungen ein allfälliger Gewinn anteilsmässig berücksichtigt, sofern die Realisierung mit genügender Sicherheit feststeht (Swiss GAAP FER 22 Ziff. 2). Wenn der Verkauf gesichert ist, soll auch nach OR die POC-Methode zulässig sein.

6. Anlagevermögen

a. Grundlagen

Anlagen sind Werte, die in der Absicht langfristiger, über zwölfmonatiger, Nutzung gehalten werden (Art. 960d OR). Sachanlagen, die zur Nutzung und für die Herstellung von Gütern oder für die Erbringung von Dienstleistungen bestimmt sind, werden zu Anschaffungs- bzw. Herstellungskosten abzüglich notwendiger Abschreibungen bilanziert (Swiss GAAP FER 2 Ziff. 10).

Wesentliche wertvermehrende Investitionen in Sachanlagen sind zu aktivieren, wenn sie während mehr als einer Rechnungsperiode genutzt werden (Swiss GAAP FER 18 Ziff. 3 ff.).

Abschreibungen (vgl. dazu § 19, S. 99 ff.) erfolgen planmässig über die Nutzungsdauer der Sachanlage. Bei Grund und Boden geschieht grundsätzlich keine planmässige Abschreibung, da von einer unbegrenzten Nutzungsdauer ausgegangen werden kann.

b. Beteiligungen

Zum Anlagevermögen gehören auch Beteiligungen und andere Finanzanlagen. Als Beteiligungen gelten Anteile am Kapital eines anderen Unternehmens, die langfristig gehalten werden und einen massgeblichen Einfluss vermitteln (Art. 960d Abs. 3 OR). Nach dem Rechnungslegungsrecht sowie nach Swiss GAAP FER wird der massgebliche Einfluss vermutet, wenn die Anteile dem Unternehmen mindestens 20 % der Stimmrechte am anderen Unternehmen einräumen (Art. 960d Abs. 3 OR; Swiss GAAP FER 3 Ziff. 15).

c. Aufwertung von Anlagevermögen auf den Ertragswert

Nach den Rechnungslegungsstandards kann Anlagevermögen, z.B. eine Liegenschaft, deren Wert sich durch einen weitgehend objektiv feststellbaren Ertragswert beurteilen lässt, aufgewertet werden. Ein solcher Ertragswert lässt sich beispielsweise bei vermieteten Liegenschaften gestützt auf den Mietertrag feststellen. Die Aufwertung von Anlagevermögen kann zu einem in der Erfolgsrechnung auszuweisenden Ertrag führen. Spätere Korrekturen nach unten wirken sich als Wertberichtigung oder Abschreibung ebenfalls zu Lasten der Erfolgsrechnung aus. Auch nach den Vorschriften des geltenden Rechnungslegungsrechts ist eine Aufwertung von Anlagevermögen auf den Ertragswert grundsätzlich nicht möglich.

3. Teil Bewertungsvorschriften

d. Quellen

OR	Art. 960d OR
HWP	HWP, BF&RL2023, III.3.3.2, S. 281 ff.
Swiss GAAP FER	Swiss GAAP FER 2 Ziff. 10, 11, 12; 3 Ziff. 15; 18; 22
IFRS	IAS 16; 28; IFRS 7; 15

7. Immaterielle Werte

Immaterielle Werte sind Vermögenswerte, die weder Sachen noch Forderungen sind. Sie sind auch nach den Vorschriften des OR als Anlagevermögen grundsätzlich zu den Anschaffungs- bzw. Herstellungskosten unter Abzug der nötigen Abschreibungen aktivierbar (Art. 960a OR; Swiss GAAP FER 2 Ziff. 12). Erworbene immaterielle Werte sind zu bilanzieren, wenn sie über mehrere Jahre einen für das Unternehmen messbaren Nutzen bringen werden (Swiss GAAP FER 10 Ziff. 3).

Ein selbst erarbeiteter immaterieller Wert kann nur aktiviert werden, wenn er identifizierbar ist, dem Unternehmen zusteht, einen für das Unternehmen messbaren Nutzen über mehrere Jahre bringt, die zur Schaffung des immateriellen Wertes angefallene Aufwendungen separat erfasst und gemessen werden können und es wahrscheinlich ist, dass die zur Fertigstellung und Vermarktung oder zum Eigengebrauch des immateriellen Wertes nötigen Mittel zur Verfügung stehen oder zur Verfügung gestellt werden. Diese Bedingungen müssen kumulativ erfüllt sein (Swiss GAAP FER 10 Ziff. 4). Nach den Vorschriften des OR ist die Aktivierung selbst geschaffener immaterieller Werte zulässig, aber nicht vorgeschrieben.

Die Aktivierung von Aufwendungen für allgemeine Forschungstätigkeiten ist nicht zulässig. Gründungs- und Organisationskosten sind keine immateriellen Werte und können nicht aktiviert werden

(Swiss GAAP FER 2 Ziff. 33). Diese Grundsätze gelten auch unter dem OR.

Quellen:

OR	Art. 960a; 960d OR
HWP	HWP, BF&RL2023, III.2.18, S. 210 ff.
Swiss GAAP FER	Swiss GAAP FER 2 Ziff. 12; 10 Ziff. 3 ff.
IFRS	IAS 38

8. Ausnahme: Bewertung zum Zeitwert und nicht zum Anschaffungs- oder Herstellungswert nach OR

a. Grundlagen

Als Regel darf das Anlagevermögen höchstens zu den Anschaffungs- oder Herstellungskosten – unter Abzug der notwendigen Abschreibungen – bewertet werden (Art. 960a OR). Gemäss OR ist eine Bewertung zum höheren Zeitwert nur bei Aktiven mit beobachtbaren Marktpreisen zulässig (vgl. Art. 960b OR).

b. Aufwertung bei Kapitalverlust

Ist die Hälfte des Aktienkapitals und der gesetzlichen Reserven infolge eines Bilanzverlustes nicht mehr gedeckt, so dürfen zur Beseitigung der Unterbilanz Grundstücke oder Beteiligungen, deren wirklicher Wert über die Anschaffungs- oder Herstellungskosten gestiegen ist, bis zu höchstens diesem Wert aufgewertet werden. Die Aufwertung darf also nur der Höhe des Kapitalverlusts entsprechen. Der Aufwertungsbetrag ist gesondert als Aufwertungsreserve auszuweisen (Art. 725c Abs. 1 OR). Die Aufwertung ist nur zulässig, wenn die Revisionsstelle oder, wenn eine solche fehlt, ein zugelassener Revisor schriftlich bestätigt, dass die gesetzlichen Bestimmungen eingehalten sind (Art. 725c Abs. 2 OR).

3. Teil Bewertungsvorschriften

Beispiel: Die Gesellschaft X weist in ihrer Bilanz Jahr 1 eine Liegenschaft im Wert von 1'000 aus.

Bilanz Jahr 1

Aktiven		Passiven
Liegenschaft	1'000	...

Erfolgsrechnung Jahr 1

Aufwand	Ertrag
...	...

Infolge eines Bilanzverlustes ist im Jahr 2 die Hälfte des Aktienkapitals nicht mehr gedeckt. Die Gesellschaft macht vom Recht Gebrauch, die Liegenschaft über den Anschaffungswert hinaus aufzuwerten (Art. 725c Abs. 2 OR). Ihr Marktwert wird netto – nach Abzug der latenten Steuern – auf 1'200 geschätzt.

Bilanz Jahr 2

Aktiven		Passiven	
Liegenschaft	1'200	Aufwertungsreserve	200

Erfolgsrechnung Jahr 2

Aufwand		Ertrag	
Bildung Aufwertungsreserve	200	Ausserordentlicher Ertrag	200

In der Praxis werden allerdings die beiden Buchungen «Bildung Aufwertungsreserve» und «Ausserordentlicher Ertrag» oft unterlassen oder verrechnet.

Im Jahr 3 verliert die Liegenschaft an Wert und muss abgeschrieben werden (Abschreibung/Liegenschaft 100). Gleichzeitig muss auch die Aufwertungsreserve reduziert werden (Aufwertungsreserve/Auflösung Aufwertungsreserve 100).

Bilanz Jahr 3

Aktiven		Passiven	
Liegenschaft	1'100	Aufwertungsreserve	100

Erfolgsrechnung Jahr 3

Aufwand		Ertrag	
Abschreibung Liegenschaft	100	Auflösung Aufwertungsreserve	100

§ 19 Abschreibungen und Wertberichtigungen

1. Grundlagen

Abschreibungen und Wertberichtigungen sind Bewertungskorrekturen als Folge eines Wertverlustes. Sie müssen nach den allgemein anerkannten kaufmännischen Grundsätzen vorgenommen werden (Art. 960a Abs. 3 OR).

2. Abschreibungen

Abschreibungen reflektieren den fortlaufenden und geplanten nutzungsbedingten Wertverlust. Ihr Ausmass hängt von der Lebens- und Nutzungsdauer des fraglichen Aktivums ab und ist bei einem technischen Gerät kürzer als bei einem Gebäude. Die Wertkorrektur erfolgt nach den allgemein anerkannten kaufmännischen Grundsätzen linear oder proportional, je nach der Art des Wertverlustes. Meistens ist aus Gründen der Praktikabilität eine lineare Abschreibung zulässig. Die Methode für die Ermittlung der Abschreibungen und Wertbeeinträchtigungen ist im Anhang offenzulegen.

Die Abschreibung ist erfolgswirksam. Folglich wirken sich Abschreibungssätze auch auf den (steuerbaren) Erfolg des Unternehmens aus. Wegen der direkten Auswirkungen auf den steuerbaren Gewinn haben die Steuerbehörden Grundsätze entwickelt, nach denen

3. Teil Bewertungsvorschriften

sie handelsrechtlich vorgenommene Abschreibungen als massgeblich resp. geschäftsmässig begründet beurteilen. Obwohl diese Abschreibungssätze für die handelsrechtliche Bilanz nicht zwingend sind, hält sich die Praxis weitgehend an diese steuerrechtlichen Vorgaben, um damit den praktischen Problemen zu entgehen, die sich ergeben, wenn der steuerliche und der handelsrechtliche Gewinn voneinander abweichen. Die Prozentzahlen beziehen sich auf den Anteil eines Wertes, der pro Jahr abgeschrieben werden darf. Bei der linearen Abschreibung bezieht sich der Prozentsatz auf die Anfangsbewertung, bei der degressiven Abschreibung auf den letzten Buchwert. Beträgt der Prozentsatz beispielsweise 25%, ist eine lineare Abschreibung über vier Jahre zulässig, im Einzelnen:

Abschreibungssätze	degressiv	linear
Wohnhäuser von Immobiliengesellschaften und Personalwohnhäuser		
– auf Gebäuden allein	2%	1%
– auf Gebäude und Land zusammen	1,5%	0,75%
Geschäftshäuser, Büro- und Bankgebäude, Warenhäuser, Kinogebäude		
– auf Gebäude allein	4%	2%
– auf Gebäude und Land zusammen	3%	1,5%
Gebäude des Gastwirtschaftsgewerbes und der Hotellerie		
– auf Gebäude allein	6%	3%
– auf Gebäude und Land zusammen	4%	2%
Fabrikgebäude, Lagergebäude und gewerbliche Bauten (speziell Werkstatt- und Silogebäude)		
– auf Gebäude allein	8%	4%
– auf Gebäude und Land zusammen	7%	3,5%
Hochregallager und ähnliche Einrichtungen	15%	7,5%
Fahrnisbauten auf fremdem Grund und Boden	20%	10%
Tanks (inkl. Zisternenwaggons), Container	20%	10%

§19 Abschreibungen und Wertberichtigungen

Geschäftsmobiliar, Werkstatt- und Lagereinrichtungen mit Mobiliarcharakter	25%	12,5%
Transportmittel aller Art ohne Motorfahrzeuge, insbesondere Anhänger	30%	15%
Apparate und Maschinen zu Produktionszwecken	30%	15%
Motorfahrzeuge aller Art	40%	20%
Büromaschinen	40%	20%
Datenverarbeitungsanlagen (Hardware und Software)	40%	20%
Immaterielle Werte, die der Erwerbstätigkeit dienen, wie Patent-, Firmen-, Verlags-, Konzessions-, Lizenz- und andere Nutzungsrechte; Goodwill	40%	20%
Werkzeuge, Werkgeschirr, Maschinenwerkzeuge, Geräte, Gebinde, Gerüstmaterial, Paletten usw.	45%	22,5%

3. Wertberichtigungen

Wertberichtigungen ergeben sich aus einmaligen Ereignissen auf Grund veränderter Umstände (z.B. Forderung bei festgestellter Zahlungsunfähigkeit des Schuldners). Bei allen Aktiven ist auf jeden Bilanzstichtag zu prüfen, ob Anzeichen dafür bestehen, dass der Buchwert des Aktivums den erzielbaren Wert übersteigt. Falls eine Wertbeeinträchtigung vorliegt, ist der Buchwert auf den erzielbaren Wert zu reduzieren.

Sowohl Abschreibungen wie auch Wertberichtigungen erfolgen als Wertkorrektur bei den betroffenen Aktiven zu Lasten der Erfolgsrechnung.

Beispiel 1: Eine Maschine im Wert von 1'000 wird über 5 Jahre abgeschrieben.

3. Teil Bewertungsvorschriften

Bilanz Jahr 1

Aktiven		Passiven
Maschine	800	...

Erfolgsrechnung Jahr 1

Aufwand	Ertrag
Abschreibungen 200	...

Bilanz Jahr 2

Aktiven		Passiven
Maschine	600	...

Erfolgsrechnung Jahr 2

Aufwand	Ertrag
Abschreibungen 200	...

Bilanz Jahr 3

Aktiven		Passiven
Maschine	400	...

Erfolgsrechnung Jahr 3

Aufwand	Ertrag
Abschreibungen 200	...

Beispiel 2: In der Bilanz ist eine Forderung von 1'000 gegenüber X aktiviert.

Bilanz Jahr 2

Aktiven		Passiven
Forderung	1'000	...

Erfolgsrechnung Jahr 2

Aufwand	Ertrag
...	...

Im Jahr 3 wird X zahlungsunfähig.

Bilanz Jahr 3

Aktiven		Passiven
Forderung	0	...

Erfolgsrechnung Jahr 3

Aufwand	Ertrag
Wertberichtigung 1'000	...

Grundsätzlich sind Abschreibungen und Wertberichtigungen in ihrer Höhe durch den Wertverlust begrenzt. Eine Abschreibung oder Wertberichtigung, die über den Wertverlust hinausgeht, schafft stille Reserven (vgl. § 23, S. 115 ff.). Gestützt auf die Bestimmung des Rechnungslegungsrechts (Art. 960a Abs. 4 OR) ist es zulässig, «zu Wiederbeschaffungszwecken» sowie «zur Sicherung des dauernden Gedeihens des Unternehmens» zusätzliche Abschreibungen, Wertberichtigungen und Rückstellungen vorzunehmen (vgl. dazu § 21, S. 105 ff.).

4. Wertaufholungen

Es stellt sich die Frage, wie vorzugehen ist, wenn wertberichtigte oder abgeschriebene Werte in einer späteren Periode wieder an Wert gewinnen. Wenn die zu tiefe Bewertung allein darauf zurückzuführen ist, dass durch überhöhte Abschreibungen oder Wertberichtigungen stille Reserven gebildet worden sind, kann das Aktivum wieder (erfolgswirksam) auf den Wert aufgewertet werden, den es immer hatte. Das Gleiche soll aber auch dann gelten, wenn der Wertverlust ein effektiver Wertverlust war und das Aktivum vor seinem wieder gewonnenen Wert tatsächlich weniger wert war. Regelwerke und sogar das OR erlauben im Grundsatz unter bestimmten Voraussetzungen die Wertaufholung nach einer Wertberichtigung. Die Obergrenze für die Wertaufholung ist aber nicht der ursprüngliche Wert bei der Erstbewertung, sondern der «fortgeführte Anschaffungswert», das heisst der Wert des Aktivums, den es gestützt auf die im Zeitpunkt seiner Erstbewertung pflichtmässig geschätzte Lebensdauer im fraglichen Zeitpunkt haben würde. Nur die Wertaufholung bis zu diesem fortgeführten Anschaffungswert ist zulässig.

5. Quellen

OR	Art. 960a Abs. 3, 4 OR
HWP	HWP, BF&RL2023, III.2.19.4, S. 215 f.
Swiss GAAP FER	Swiss GAAP FER 20
IFRS	IAS 36

§ 20 Fremdkapital

1. Bewertung von Verbindlichkeiten

a. Grundlagen

Nach dem Rechnungslegungsrecht erfolgt die Bewertung der Verbindlichkeiten zum Nennwert (Art. 960e Abs. 1 OR).

Swiss GAAP FER kennen die Bewertung zu den «historischen Werten» oder zu den «aktuellen Werten» (Swiss GAAP FER Rahmenkonzept Ziff. 27).

b. Historische Werte *(Historical cost)*

Verbindlichkeiten werden mit dem Wert der Gegenleistung erfasst, der im Austausch für die Übernahme der Verbindlichkeit festgelegt worden ist. Dieser Wert bleibt in der Regel bis zur Tilgung der Verbindlichkeit unverändert.

c. Aktuelle Werte *(Fair value)*

– Tageswert *(Current cost):* Verbindlichkeiten werden mit dem nicht diskontierten Betrag erfasst, der nötig wäre, um die Verbindlichkeit per Bilanzstichtag zu erfüllen;
– Barwert *(Present value):* Verbindlichkeiten werden zum Barwert des künftigen Nettomittelabflusses erfasst, der erwartungsgemäss im normalen Geschäftsverlauf für die Erfüllung der Verbindlichkeit erforderlich ist.

2. Eventualverbindlichkeiten

Eventualverbindlichkeiten sind vertraglich geregelte, mögliche künftige Verbindlichkeiten, bei denen nicht bestimmt ist, ob und wann daraus eine tatsächliche Forderung entsteht (z.B. Bürgschaften oder Garantien). Ihre Erfassung hängt von ihrer Eintretenswahrscheinlichkeit ab. Ist das entsprechende Risiko nach den Vorschriften über die Rückstellungen gross genug, sind Rückstellungen zu bilden (vgl. dazu § 21, S. 105 ff.), ansonsten sind Eventualverbindlichkeiten im Anhang auszuweisen.

Quellen:

OR	Art. 959c Abs. 2 Ziff. 10 OR
Swiss GAAP FER	Swiss GAAP FER 5 Ziff. 1 ff.
IFRS	IAS 37

§ 21 Rückstellungen

1. Grundlagen

Ereignisse in der Vergangenheit können zu Ansprüchen gegen die Gesellschaft führen mit der Folge, dass diese als Verbindlichkeiten in die Bilanz aufgenommen werden müssen. Es kommt aber auch vor, dass das vergangene Ereignis nicht bereits zu einer Verpflichtung führt, sondern nur zu einer möglichen oder wahrscheinlichen Verpflichtung, deren Höhe oder Fälligkeit ungewiss, aber abschätzbar ist (Art. 960e Abs. 2 OR; IAS 37.10). Das Ereignis in der Vergangenheit muss vor dem Bilanzstichtag stattgefunden haben und eine rechtliche oder faktische Verpflichtung mit sich bringen (Swiss GAAP FER 23 Ziff. 2). Solche Ungewissheiten führen zu Rückstellungen.

Lassen vergangene Ereignisse einen Mittelabfluss in künftigen Geschäftsjahren erwarten, so müssen die voraussichtlich erforderlichen Rückstellungen zu Lasten der Erfolgsrechnung gebildet werden. Rückstellungen dürfen zudem insbesondere gebildet werden für regelmässig anfallende Aufwendungen aus Garantieverpflichtungen, Sanierungen von Sachanlagen, Restrukturierungen und zur Sicherung des dauernden Gedeihens des Unternehmens (Art. 960e

3. Teil Bewertungsvorschriften

Abs. 3 OR). Ist der Betrag nicht verlässlich abschätzbar, so müssen im Anhang Angaben zum Rückstellungsbedarf gemacht werden.

Beispiel 1: Das Unternehmen X erfährt im Jahr 1, dass im nächsten Jahr wahrscheinlich aus den Garantieverpflichtungen eine Zahlung von CHF 1'000 zu leisten ist. Das Risiko dafür ist grösser als 50 %. Das Unternehmen bildet für den möglichen zukünftigen Aufwand eine Rückstellung.

Bilanz Jahr 1		Erfolgsrechnung Jahr 1	
Aktiven	**Passiven**	**Aufwand**	**Ertrag**
...	Rückstellung 10	Ausserordentlicher Aufwand 1'000	...

Variante A: Das erwartete Risiko tritt im Jahr 2 *nicht* ein.

Bilanz Jahr 2		Erfolgsrechnung Jahr 2	
Aktiven	**Passiven**	**Aufwand**	**Ertrag**
...	Rückstellung 0	...	Ausserordentlicher Ertrag 1'000

Variante B: Das erwartete Risiko tritt im Jahr 2 ein.

Bilanz Jahr 2		Erfolgsrechnung Jahr 2	
Aktiven	**Passiven**	**Aufwand**	**Ertrag**
Flüssige Mittel −1'000	Rückstellung 0	...	...

Beispiel 2: Das Unternehmen X erfährt im Jahr 1, dass im nächsten Jahr wahrscheinlich aus Garantieverpflichtungen eine Zahlung von CHF 1'000 zu leisten ist. Das Risiko dafür ist grösser als 50 %. Trotz diesem möglichen zukünftigen Risiko bildet das Unternehmen keine Rückstellung.

§ 21 Rückstellungen

Bilanz Jahr 1		Erfolgsrechnung Jahr 1	
Aktiven	Passiven	Aufwand	Ertrag
...	...	...	...

Variante A: Das erwartete Risiko tritt im Jahr 2 *nicht* ein.

Bilanz Jahr 2		Erfolgsrechnung Jahr 2	
Aktiven	Passiven	Aufwand	Ertrag
...	...	...	...

Variante B: Das erwartete Risiko tritt im Jahr 2 ein.

Bilanz Jahr 2		Erfolgsrechnung Jahr 2	
Aktiven	Passiven	Aufwand	Ertrag
Flüssige Mittel –1'000	...	Ausserordentlicher Aufwand 1'000	...

Die unterlassene Rückstellung führt dazu, dass sich der Aufwand in einer späteren Periode auswirkt. Die Rückstellung hingegen lässt den Aufwand früher erfolgswirksam werden.

2. 50-Prozent-Regel

Ein Abfluss von Ressourcen oder ein anderes Ereignis wird als wahrscheinlich angesehen, wenn mehr dafür als dagegen spricht. Das heisst, die Wahrscheinlichkeit, dass das Ereignis eintritt, ist grösser als die Wahrscheinlichkeit, dass es nicht eintritt.

Diese 50-%-Regel gilt ausdrücklich nach IFRS (IAS 37.23). Wenn die Wahrscheinlichkeit des Abflusses von Ressourcen z.B. 60 % beträgt, muss nach IFRS eine Rückstellung in voller Höhe (zu 100 und nicht zu 60 %) vorgenommen werden. Wenn die Wahrscheinlichkeit des Abflusses von Ressourcen z.B. 20 % beträgt, darf keine Rückstellung vorgenommen werden (auch nicht im Umfang von 20% des drohenden Abflusses). Gemäss OR sowie nach Swiss GAAP FER ist auch eine Rückstellung in der Grösse der Wahrscheinlichkeit des Eintritts zulässig (im beschriebenen Beispiel demnach im Umfang von 60 bzw. 20%). Das Bundesgericht hat in einzelnen Entscheiden die Anwendung der 50-%-Regel verworfen und bei einer knapp unter 50% liegenden Eintretenswahrscheinlichkeit die Bildung einer Rückstellung im Umfang von 50% verlangt.

3. Offenlegung der Rückstellung

Rückstellungen sind in der Bilanz als Passivum auszuweisen und im Anhang zu erläutern (Art. 959a Abs. 2 Ziff. 2 lit. c OR).

4. Rückstellung für zukünftige Aufwendungen?

Nach Rechnungslegungsstandard dürfen für zukünftige geplante Aufwendungen keine Rückstellungen gebildet werden. Zukünftige Aufwendungen sind richtigerweise zu Lasten derjenigen Periode zu berücksichtigen, in der sie anfallen.

Das OR (Art. 960e Abs. 3 Ziff. 1 OR) erlaubt die Bildung von Rückstellungen ausdrücklich auch für regelmässig anfallende Aufwendungen aus Garantieverpflichtungen und zu Wiederbeschaffungszwecken sowie zur Sicherung des dauernden Gedeihens des Unternehmens. Es kann zudem davon abgesehen werden, nicht mehr begründete Abschreibungen und Wertberichtigungen aufzulösen.

5. Auflösung der Rückstellung

Nicht mehr begründete Rückstellungen müssen nicht aufgelöst werden. Dadurch bilden sich stille Reserven. Insbesondere zu Wiederbeschaffungszwecken sowie zur Sicherung des dauernden Gedeihens des Unternehmens kann davon abgesehen werden, nicht mehr begründete Abschreibungen und Wertberichtigungen aufzulösen (Art. 960e Abs. 4 OR).

Nach Rechnungslegungsstandards ist die Angemessenheit der Rückstellungen jährlich zu prüfen. Sie sind je nach Entwicklung des Risikos beizubehalten oder aufzulösen.

Erfolgt eine Auflösung der Rückstellung, so muss der Betrag im Anhang oder in der Erfolgsrechnung separat ausgewiesen werden, soweit er die neu gebildeten Rückstellungen übersteigt.

6. Quellen

OR	Art. 959a; 960e OR
HWP	HWP, BF&RL2023, III.2.26.1, S. 225 ff.
Swiss GAAP FER	Swiss GAAP FER 23
IFRS	IAS 37

§ 22 Eigenkapital

1. Grundlagen

Das Eigenkapital besteht aus dem Gesellschaftskapital, den Rechnungslegungsreserven, den gesetzlichen und den statutarischen Reserven, den stillen Reserven und dem Gewinn resp. dem Gewinnvortrag. Das Eigenkapital ist der Differenzbetrag zwischen den Gesamtaktiven des Unternehmens und dem Fremdkapital. Es ist die Risikoreserve des Unternehmens. Das Eigenkapital wird in der Bilanz aufgeschlüsselt dargestellt, sodass der Bilanzleser erkennen kann, ob, wie viel und welche Bestandteile des Eigenkapitals noch durch Aktiven gedeckt sind.

Die einzelnen Bestandteile des Eigenkapitals unterscheiden sich darin, dass sie gestützt auf unterschiedliche Vorschriften verändert und allenfalls an Gesellschafter ausgeschüttet werden können. Dabei kann als Richtschnur gelten, dass die Vorschriften über die Reduktion des Gesellschaftskapitals am strengsten sind, diejenigen über die Reduktion des Gewinnvortrags (durch Vornahme einer Gewinnausschüttung) am wenigsten streng. Weiter hängt die Strenge des Eigenkapitalschutzes davon ab, ob in einer Gesellschaftsform Gesellschafter für Schulden der Gesellschaft haftbar sind. Zuständig für Beschlüsse im Zusammenhang mit der Festlegung des Eigenkapitals sind in der Regel die Gesellschafter, in besonderen Fällen (beispielsweise beim Erwerb eigener Aktien) auch die Geschäftsführung resp. der Verwaltungsrat.

Die Zuordnung der Mittelherkunft in Eigen- und Fremdkapital ist nicht immer einfach. Es gibt zahlreiche Formen, die im Grenzbereich anzusiedeln sind. Sie werden durch die Praxis mehrheitlich dem Fremdkapital zugeordnet, auch wenn sie wirtschaftlich Eigenkapital sind. Unter diese Kategorie fallen insbesondere Rückstellungen und Darlehen mit Rangrücktritt.

Das Eigenkapital setzt sich aus folgenden Bestandteilen zusammen:

§ 22 Eigenkapital

Gesellschaftskapital (Aktien- und Partizipationskapital; Stammkapital)	
Offene Reserven	Kapitalreserve (Art. 671 OR), nicht ausschüttbar
	Kapitalreserve (Art. 671 OR), ausschüttbar
	gesetzliche Gewinnreserve (Art. 672 OR)
	freiwillige Gewinnreserven (Art. 673 OR)
	eigene Kapitalanteile als Minusposten
	Rechnungslegungsreserven (Neubewertungsreserve, Art. 671b OR)
Stille Reserven	
Gewinnvortrag oder Verlustvortrag als Minusposten	
Jahresgewinn oder Jahresverlust als Minusposten	

2. Die Anwendbarkeit der rechnungslegungsrechtlichen Vorschriften

Der gesetzlichen Kapitalreserve sind zuzuweisen (Art. 671 OR):

- der Erlös, der bei der Ausgabe von Aktien über den Nennwert und die Ausgabekosten hinaus erzielt wird;
- die zurückbehaltene Einzahlung auf ausgefallene Aktien (Art. 681 Abs. 2 OR), soweit für die dafür neu ausgegebenen Aktien kein Mindererlös erzielt wird;
- weitere durch Inhaber von Beteiligungspapieren geleistete Einlagen und Zuschüsse.
- Der gesetzlichen Gewinnreserve sind 5 % des Jahresgewinns zuzuweisen. Liegt ein Verlustvortrag vor, so ist dieser vor der Zuweisung an die Reserve zu beseitigen (Art. 672 OR).

3. Aktienkapital in Fremdwährung und neue Möglichkeit der Stückelung

Gemäss Art. 621 Abs. 2 OR ist auch ein Aktienkapital in der für die Geschäftstätigkeit wesentlichen Fremdwährung zulässig. Zum Zeitpunkt der Errichtung muss dieses einem Gegenwert von mindestens CHF 100'000 für die AG und CHF 20'000 für die GmbH entsprechen. Lautet das Aktienkapital auf eine Fremdwährung, so haben die Buchführung und die Rechnungslegung in derselben Währung zu erfolgen. Die zulässigen Währungen sind in Anhang 3 der Handelsregisterverordnung vom Bundesrat festgelegt worden (GBP, EUR, USD, JPY).

Bei einer bestehenden Gesellschaft kann die Einführung der Fremdwährung retro- oder prospektiv erfolgen. Dabei ist für den Kurs der Stichtag des ersten Tages des Geschäftsjahres massgebend, für welches die Umstellung erfolgen soll. Spätere Kursschwankungen lösen dabei nicht die Pflicht aus, dass die Gesellschaft ihr Aktienkapital erhöhen muss. Es ist lediglich erforderlich, dass per Stichtag das Aktienkapital einem Gegenwert von mindestens CHF 100'000 entspricht.

Neu ist es auch möglich, für Aktien oder Stammanteile einen kleineren Wert als bisher CHF 0.01 bzw. CHF 100 vorzusehen. Der Nennwert der Aktie oder des Stammanteils muss lediglich grösser als null sein (Art. 622 Abs. 4 und Art. 774 Abs. 1 OR).

4. Eigene Aktien

Der Gesetzgeber hat die Bestimmungen zu den eigenen Aktien überarbeitet. Die Verbuchung der eignen Aktien in der Bilanz hat sich jedoch nicht geändert: Die Gesellschaft hat für die eigenen Aktien einen dem Anschaffungswert entsprechenden Betrag als Minusposten des Eigenkapitals darzustellen (Art. 659a Abs. 4; Art. 959a Abs. 2 Ziff. 3 lit. e OR).

Kontrolliert eine Gesellschaft ein oder mehrere Unternehmen (Art. 963), so gelten für den Erwerb ihrer Aktien durch diese Unternehmen die Voraussetzungen, Einschränkungen und Folgen für den Erwerb eigener Aktien sinngemäss (Art. 659b Abs. 1 OR). Die kontrollierende Gesellschaft hat in diesem Fall für die Aktien einen dem Anschaffungswert dieser Aktien entsprechenden Betrag gesondert als gesetzliche Gewinnreserve auszuweisen (Art. 659b Abs. 1 OR).

5. Kapitalband

Die Möglichkeit, neu in den Statuten ein Kapitalband vorzusehen, gibt dem Verwaltungsrat mehr Freiheiten, das Aktienkapital schneller an die Bedürfnisse der Gesellschaft anzupassen (Art. 653s ff. OR). So können die Statuten den Verwaltungsrat ermächtigen, während einer Dauer von längstens fünf Jahren das Aktienkapital innerhalb einer Bandbreite (Kapitalband) zu verändern. Sie legen fest, innerhalb welcher Grenzen der Verwaltungsrat das Aktienkapital erhöhen und herabsetzen darf. Die obere Grenze des Kapitalbands darf das im Handelsregister eingetragene Aktienkapital höchstens um die Hälfte übersteigen.

Die untere Grenze des Kapitalbands darf das im Handelsregister eingetragene Aktienkapital höchstens um die Hälfte unterschreiten, wobei das Aktienkapital jedoch nach der Kapitalherabsetzung CHF 100'000 betragen muss.

Der Gesetzgeber hat auch eine nachträgliche Anpassung des Kapitalbands vorgesehen und hält fest, dass sich die obere und die untere Grenze des Kapitalbands entsprechend dem Umfang der Erhöhung des Aktienkapitals erhöhen, wenn die Generalversammlung ein bedingtes Kapital beschliesst (Art. 653v OR).

6. Verrechnung von Verlusten

Das Aktienrecht gibt neu mit Art. 674 OR vor, in welcher Reihenfolge Verluste verrechnet werden müssen. Ein Verlust muss somit in folgender Reihenfolge verrechnet werden:

1. mit dem Gewinnvortrag;
2. mit den freiwilligen Gewinnreserven;
3. mit der gesetzlichen Gewinnreserve;
4. mit der gesetzlichen Kapitalreserve.

Anstelle der Verrechnung mit der gesetzlichen Gewinnreserve oder der gesetzlichen Kapitalreserve dürfen verbleibende Verluste auch teilweise oder ganz auf die neue Jahresrechnung vorgetragen werden. Mit anderen Worten ist nur die Verrechnung gemäss Ziff. 1 und 2 zwingend.

7. Zwischendividende

Mit Art. 675a OR hat der Gesetzgeber eine gesetzliche Grundlage für die Ausschüttung einer Zwischendividende geschaffen. Für Zwischendividenden gelten dabei hauptsächlich dieselben Voraussetzungen wie für die ordentliche Dividende. Der Verwaltungsrat hat zwingend einen Zwischenabschluss zu erstellen. Grundsätzlich muss die Revisionsstelle sowohl den Gewinnverwendungsantrag des Verwaltungsrats als auch den Zwischenabschluss prüfen. Auf die Prüfung kann verzichtet werden,

- wenn die Gesellschaft ihre Jahresrechnung nicht durch eine Revisionsstelle eingeschränkt prüfen lassen muss; oder
- wenn sämtliche Aktionäre der Ausrichtung der Zwischendividende zustimmen und die Forderungen der Gläubiger dadurch nicht gefährdet werden.

Im Hinblick auf den Jahresabschluss sollte im Zeitpunkt der Dividendenausschüttung die Zwischendividende erfolgsneutral verbucht und als Minusposten im Eigenkapital ausgewiesen werden. Dadurch kann sichergestellt werden, dass im Jahresabschluss der Jahresgewinn ungeschmälert erfasst wird. Nicht sachgerecht wäre die Verrechnung der Zwischendividende mit dem Gewinnvortrag oder mit einer anderen Reserve, weil bei einer Zwischendividende ja gerade Gewinn des laufenden Geschäftsjahrs ausgeschüttet wird.

§ 23 Stille Reserven

1. Begriff

a. Grundlagen

Stille Reserven sind die Folge der Unterbewertung von Aktiven oder der Überbewertung von Fremdkapital und Rückstellungen. Oft werden sie schleichend über einen gewissen Zeitraum hinweg gebildet, indem höhere Abschreibungen vorgenommen werden, als durch die Nutzungsdauer geboten waren, oder indem Rückstellungen, die nicht mehr gerechtfertigt sind, nicht aufgelöst werden. Begrifflich werden stille Zwangsreserven, Ermessensreserven, Willkürreserven und widerrechtliche stille Reserven unterschieden.

b. Stille Zwangsreserven

Stille Zwangsreserven liegen vor, wenn der Wert eines Anlagevermögens höher als sein Anschaffungswert ist, aber nicht in voller Höhe aktiviert werden darf. Wie schon der Begriff «Zwangsreserve» zeigt, geniesst das Unternehmen in Bezug auf die Frage, ob die Reserven gebildet werden, keinen Spielraum.

c. Stille Ermessensreserven

Ermessensreserven sind stille Reserven, die gebildet werden, indem bis an die Grenze dessen gegangen wird, was durch das Vorsichtsprinzip gerechtfertigt werden kann, wenn also bei mehreren betriebswirtschaftlich ermittelten Wertansätzen der vorsichtigste gewählt wird. Steht beispielsweise im Zusammenhang mit einer Abschreibung fest, dass die Nutzungsdauer des betroffenen Gegenstands zwischen drei und sechs Jahren beträgt, dann ist es zulässig, von einer dreijährigen Nutzungsdauer auszugehen.

d. Stille Willkürreserven

Willkürreserven liegen vor, wenn die Bildung der stillen Reserven nicht mehr durch das Vorsichtsprinzip gerechtfertigt werden kann, die Bildung der stillen Reserven aber durch Gesetz oder Gewohnheitsrecht gleichwohl zulässig ist. Unter diese Kategorie fallen beispielsweise die stillen Reserven, die entstehen, wenn nicht mehr benötigte Rückstellungen nicht aufgelöst werden.

e. Unzulässige stille Reserven

Unzulässige stille Reserven sind stille (Willkür-)Reserven, deren Bildung gegen rechnungslegungsrechtliche Vorschriften verstösst. Darunter fallen beispielsweise fiktive Schulden. Die Bildung solcher unzulässiger stiller Reserven kann strafbar sein.

2. Wiederbeschaffungsreserven

Stille Reserven als Wiederbeschaffungsreserven führen dazu, dass Ersatzbeschaffungen nicht die Jahresrechnung belasten und den Ertrag schmälern. Stattdessen erfolgt ihre Verbuchung durch Auflösung der zuvor geschaffenen stillen Wiederbeschaffungsreserven. Ohne ihre Errichtung wäre der Gewinn in der Periode vor der Wiederbeschaffung höher, danach tiefer.

Zu Wiederbeschaffungszwecken gestattet das OR, zusätzliche Abschreibungen und Wertberichtigungen vorzunehmen. Zum gleichen Zweck kann davon abgesehen werden, nicht mehr begründete Abschreibungen und Wertberichtigungen aufzulösen (Art. 960a Abs. 4 OR).

3. Weitere stille Reserven

Weitere stille Reserven werden etwa mit der Zielsetzung gebildet, dem Unternehmen eine gleichmässige (formale) Ertragserzielung zu ermöglichen. Dies geschieht, indem operative Verluste durch die Auflösung von stillen Reserven «korrigiert» werden und somit nicht in die Jahresrechnung einfliessen. Solche weiteren stillen Reserven dürfen nur gebildet werden, wenn dies zur Sicherheit des dauernden Gedeihens des Unternehmens erfolgt (Art. 960e Abs. 3 Ziff. 4 OR). Willkürliche stille Reserven sind verboten (Art. 958 Abs. 1 OR).

4. Dokumentation und Offenlegung der stillen Reserven

Die Bildung und Auflösung von stillen Reserven muss intern dokumentiert werden. Denn ohne Dokumentation können die Angaben gemäss Art. 959c Abs. 1 Ziff. 3 OR nicht gemacht werden.

5. Quellen

OR	Art. 958 Abs. 1; 960a Abs. 4; 960e OR
HWP	HWP, BF&RL2023, III.2.33, S. 260 ff.
Swiss GAAP FER	Swiss GAAP FER Rahmenkonzept Ziff. 13

4. Teil   Konzernrechnungslegung

§ 24 Konzernbegriff

1.   Mehrheit von Unternehmen

Der Konzern besteht aus einer Mehrheit von Unternehmen. Bei der Wahl der Rechtsform für die Tochtergesellschaften wird die Konzernmutter meistens auf die Aktiengesellschaft zurückgreifen. Für sie von Vorteil sind insb. die Haftungsbeschränkung und die einfache Kontrolle.

2.   Wirtschaftliche Einheit

Der Konzern ist eine wirtschaftliche Einheit. Dies kommt durch eine einheitliche Verwendung der Betriebsergebnisse und das Vorliegen von Mechanismen zur Gewinnabführung an die Muttergesellschaft und für die Deckung von Verlusten zum Ausdruck. Dargestellt wird die wirtschaftliche Einheit durch die konsolidierte Konzernrechnung. In den meisten Fällen entspricht der Umfang der wirtschaftlichen Einheit dem Konsolidierungskreis.

3.   Kontrolle

Ein Konzern liegt vor, wenn mehrere Unternehmen eine wirtschaftliche Einheit bilden und einer einheitlichen Leitung oder Kontrolle unterliegen.

Das Rechnungslegungsrecht verwendet wie der alte Rechnungslegungsstandard IAS 27 den Begriff der «Kontrolle» und nimmt diese namentlich an, wenn ein Unternehmen direkt oder indirekt über die Mehrheit der Stimmen in der Gesellschafterversammlung verfügt (Art. 963 OR). IFRS 10 Standard spricht von *«power»* und deutet damit an, dass auch die Möglichkeit der Kontrolle genügen kann.

Die Kontrolle wird meistens durch die Wahrnehmung der Mitgliedschaftsrechte der Muttergesellschaft ausgeübt, durch die Leitung der Generalversammlung und der Verwaltung (z.B. auch: Leitung der Verwaltung durch die Leitung der Generalversammlung, die durch die Möglichkeit der Abwahl auf das Verhalten der Verwaltung Einfluss nehmen kann).

§ 25 Konsolidierung – die einheitliche Betrachtung der wirtschaftlichen Einheit

1. Grundlagen

Um den Mechanismus der konsolidierten Konzernrechnung besser zu verstehen, stellt man sich den Konzern als eine einzige, grosse Gesellschaft vor. Sämtliche «gesellschaftsinternen» Verhältnisse finden bei dieser Rechnung keine Beachtung. Sie werden demnach eliminiert. Es zählen einzig die Beziehungen der «Konzern-Gesellschaft» mit Aussenstehenden.

Damit wird gegenüber einer Einzelbetrachtung der Konzerngesellschaften (ohne zu konsolidieren) sichergestellt, dass die Vermögenslage des Konzerns nicht durch überhöhte Bilanzsummen und unterschiedliche Bewertungen einzelner Bilanzposten verzerrt wiedergegeben wird.

2. Funktion der konsolidierten Konzernrechnung

Die konsolidierte Konzernrechnung ist eine Informationsquelle für Aktionäre, Konzerngläubiger und Dritte. Sie ist auch ein Führungsinstrument für die Konzernleitung. Sie verschafft der Muttergesellschaft Klarheit über ihre eigene wirtschaftliche Lage und diejenige des gesamten Konzerns. Die Muttergesellschaft ist zwar nicht immer verpflichtet, den Konzern zu leiten. Sie ist aber immer zur eigenen Leitung verpflichtet, und dazu gehört auch, dass sie gestützt auf eine konsolidierte Konzernrechnung die wirtschaftliche Situation im Konzern kennt.

Die konsolidierte Konzernrechnung ist demgegenüber **kein Instrument des Verkehrs- und Gläubigerschutzes** wie die Jahresrechnung der Gesellschaft, an die der Gesetzgeber insbesondere die Rechtsfolgen des Art. 725 ff. OR knüpft. Die konsolidierte Konzernrechnung kann entweder nach den Vorschriften des OR oder eines Rechnungslegungsstandards vorgenommen werden. Für an der Börse kotierte Unternehmen ist eine Konsolidierung nach dem Rechnungslegungsstandard IFRS üblich und meistens auch vorgeschrieben (vgl. § 4 Ziff. 3, S. 8 f.).

3. Konsolidierungspflicht

Kontrolliert eine rechnungslegungspflichtige juristische Person ein oder mehrere rechnungslegungspflichtige Unternehmen, so muss sie im Geschäftsbericht für die Gesamtheit der kontrollierten Unternehmen eine konsolidierte Jahresrechnung (Konzernrechnung) erstellen (Art. 963 Abs. 1 OR).

Das OR verwendet in Art. 963 den Begriff der «Kontrolle» und nimmt diese an, wenn ein Unternehmen direkt oder indirekt über die Mehrheit der Stimmen im obersten Organ verfügt; direkt oder indirekt über das Recht verfügt, die Mehrheit der Mitglieder des obersten Leitungs- oder Verwaltungsorgans zu bestellen oder abzuberufen; oder auf Grund der Statuten, der Stiftungsurkunde, eines Vertrags oder vergleichbarer Instrumente einen beherrschenden Einfluss ausüben kann.

Ausgenommen von dieser Pflicht sind juristische Personen (Art. 963a Abs. 1 OR):
- die in zwei aufeinanderfolgenden Geschäftsjahren zwei der drei Grössen *Bilanzsumme von 20 Mio. CHF, Umsatzerlös von*

40 Mio. CHF und *250 Vollzeitstellen* nicht überschreiten (kleine Konzerne);
- die von einem Unternehmen kontrolliert werden, dessen Konzernrechnung nach schweizerischen oder gleichwertigen ausländischen Vorschriften erstellt und ordentlich geprüft worden ist (Teilkonzerne);
- (bei Genossenschaft und Stiftung) die Pflicht zur Erstellung einer Konzernrechnung an ein kontrolliertes Unternehmen nach Art. 963 Abs. 4 OR übertragen haben.

Eine Konzernrechnung ist **dennoch** zu erstellen, wenn (Art. 963a Abs. 2 OR):
- dies für eine möglichst zuverlässige Beurteilung der wirtschaftlichen Lage notwendig ist;
- Gesellschafter, die mindestens 20 % des Grundkapitals vertreten, oder 10 % der Vereinsmitglieder dies verlangen;
- ein Gesellschafter oder ein Vereinsmitglied, der oder das einer persönlichen Haftung oder einer Nachschusspflicht unterliegt, dies verlangt;
- die Stiftungsaufsichtsbehörde dies verlangt.

4. Konsolidierungskreis

Der Konsolidierungskreis beinhaltet jene Unternehmen, die von der konsolidierten Konzernrechnung erfasst sind. Im Wesentlichen entspricht er dem Konzern. Es kann allerdings Unternehmen geben, die bspw. wegen ihrer geringen Relevanz nicht konsolidiert werden müssen und trotzdem zum Konzern gehören.

Die Kriterien für die Festlegung des Konsolidierungskreises sind in sämtlichen Normen weitgehend gleich. Gemäss Art. 963 OR werden diejenigen Unternehmen konsolidiert, die von der Muttergesellschaft kontrolliert werden. Gemäss Swiss GAAP FER 30 ist die Stimmenmehrheit, also die Beherrschung, massgebend. IFRS 10 stützt sich auf den Begriff «*control*»/«*power*» ab. Die direkte oder indirekte Stimmenmehrheit begründet zwar eine Vermutung für die Beherrschung (IFRS 10.B36-B37), kann aber widerlegt werden, wenn sich in aussergewöhnlichen Umständen eindeutig nachweisen lässt, dass ein derartiger Besitz keine Beherrschung begründet. Denkbar ist auch, dass sich die Kontrolle auf vertragliche Regeln abstützt. Es sind grundsätzlich alle beherrschten Unternehmen in allen denkbaren Rechtsformen im In- und Ausland einzubeziehen.

Bei Beteiligungsquoten von weniger als 100 % stellt sich die Frage nach der Art der Konsolidierung. In Betracht kommen Vollkonsolidierung, Quotenkonsolidierung und *equity accounting*.

Keine Pflicht zu Konsolidierung besteht bei Gesellschaften, die lediglich vorübergehend als eine reine Kapitalanlage ohne Einbindung in den Konzern erworben wurden und zur Weiterveräusserung bestimmt sind, oder wenn sich eine Tochtergesellschaft in Nachlassliquidation oder in Konkurs befindet. Gesellschaften in Konkurs unterstehen nicht mehr der Konzernleitung, sondern dem Liquidator.

Die Veränderungen im Konsolidierungskreis sind im Konzernrechnungsanhang offenzulegen.

§ 26 Vornahme der konsolidierten Konzernrechnung

1. Grundlagen

Das Rechnungslegungsrecht definiert keine Konsolidierungsregeln, sondern beschränkt sich darauf, auf die Grundsätze ordnungsgemässer Rechnungslegung zu verweisen. Ausführlicher ist das Konsolidierungsverfahren in Swiss GAAP FER 30 und in Bezug auf diese Frage in IFRS 10 geregelt. Die Vorschriften der Swiss GAAP FER verkörpern die Grundsätze ordnungsgemässer Rechnungslegung und sind somit direkt oder indirekt auf alle Unternehmen anwendbar.

4. Teil Konzernrechnungslegung

Das geltende Recht schränkt die Anwendbarkeit von anerkannten Standards der Rechnungslegung ein auf börsenkotierte Unternehmungen (sofern die Börse dies verlangt), auf Genossenschaften mit mindestens 2'000 Genossenschaftern und auf Stiftungen, die von Gesetzes wegen zu einer ordentlichen Revision verpflichtet sind. Andere Unternehmen müssen nur nach Regelwerk konsolidieren, wenn Gesellschafter, die 20 % des Gesellschaftskapitals vertreten, 10 % der Genossenschafter, 20 % der Vereinsmitglieder, Personen, die einer persönlichen Haftung oder Nachschusspflicht unterliegen, oder die Stiftungsaufsicht dies verlangen. Obwohl im Gesetz nicht ausdrücklich erwähnt, kann ein Unternehmen auch ohne Begehren seiner Aktionäre freiwillig durch einen Entscheid des Verwaltungsrats gestützt auf Regelwerkvorschriften konsolidieren.

Unterschieden wird je nach dem Ausmass der Integration in den Konzern zwischen der Vollkonsolidierung, der Quotenkonsolidierung, *equity accounting* sowie der Bilanzierung der Beteiligungen unter 20 %. Beteiligungen an Unternehmen mit einem Stimmrechtsanteil von unter 50 % sowie fehlender anderweitiger Kontrollausübung werden nicht konsolidiert, sondern ausschliesslich als Beteiligungswert in jenem Unternehmen aktiviert, welches die Aktien innehat.

Art der Beteiligungserfassung in der Konzernrechnung:

Anteil Stimmrechte bzw. Einflussgrad	Art der Beteiligung	Art der Erfassung
Zwischen 50 und 100 %	Tochtergesellschaft	Vollkonsolidierung
Genau 50 %	Joint Venture	Quotenkonsolidierung oder Equity accounting
Zwischen 20 und 50 %	Assoziiertes Unternehmen	Equity accounting
Unter 20 %	Beteiligungsunternehmen	Finanzanlage

2. Vollkonsolidierung

a. Grundlagen

Eine Vollkonsolidierung erfolgt, wenn das Mutterunternehmen die Tochtergesellschaft beherrscht (50 bis 100 % der Stimmrechte oder anderer Beherrschungsgrund, z.B. Vertrag). Eine Vollkonsolidierung erfolgt also auch, wenn die Muttergesellschaft nicht allein an der Tochtergesellschaft beteiligt ist. Die Vollkonsolidierung wird nach IFRS 10 vorgeschrieben, wenn das Mutterunternehmen einen Mehrheitsanteil am stimmberechtigten Kapital der Tochtergesellschaft hält oder die Tochtergesellschaft anders beherrscht.

b. Vornahme der Konsolidierung

Bei der Vollkonsolidierung werden alle aktiven und passiven Positionen der Bilanz sowie sämtliche Aufwands- und Ertragspositionen der Erfolgsrechnung der Tochtergesellschaft zu ihrem vollen Wert (100 %) in die Konzernrechnung überführt. Dies gilt für sämtliche Tochterunternehmen, über welche die Mutter die Kontrolle ausübt, und zwar unabhängig davon, ob die Tochter zu 100 % oder mit einem geringeren Anteil beherrscht wird. Existieren Minderheitsaktionäre, so werden deren Anteile im Umfang der kapitalmässigen Beteiligung als Anteil am Eigenkapital oder am Periodenerfolg des Tochterunternehmens zugewiesen (sog. «Minderheitsanteile», vgl. dazu Beispiel 2, S. 126 ff.).

Beispiel 1: Vornahme der Kapitalkonsolidierung bei einer 100-Prozent-Beteiligung

Die Muttergesellschaft hält 100 % der Stimmrechte und des Eigenkapitals der Tochtergesellschaft. Es bestehen keine stillen Reserven.

In den folgenden Beispielen beziehen sich die jeweils mit derselben *Hochzahl* (Note) versehenen Positionen auf den gleichen Konsolidierungsvorgang.

4. Teil Konzernrechnungslegung

Bilanz Muttergesellschaft

Aktiven		Passiven	
Flüssige Mittel[1]	1'500	Bank[4]	500
Beteiligungen[6]	2'700	Aktienkapital/Reserven[5]	3'700
Bilanzsumme	4'200	Bilanzsumme	4'200

Bilanz Tochtergesellschaft

Aktiven		Passiven	
Flüssige Mittel[1]	500	Bank[4]	1'500
Maschine A[2]	1'000	Aktienkapital/Reserven[6]	2'700
Liegenschaft A[3]	2'700		
Bilanzsumme	4'200	Bilanzsumme	4'200

Konsolidierte Konzernbilanz

Aktiven		Passiven	
Flüssige Mittel[1]	2'000	Bank[4]	2'000
Maschine A[2]	1'000	Aktienkapital/Reserven[5]	3'700
Liegenschaft A[3]	2'700		
Bilanzsumme	5'700	Bilanzsumme	5'700

Beispiel 2: Vornahme der Kapitalkonsolidierung bei einer 80-Prozent-Beteiligung

An der Tochtergesellschaft sind Dritte mit einem Minderheitsanteil von 20% beteiligt. Es bestehen keine stillen Reserven. Der Beteiligungsbuchwert der ganzen Tochtergesellschaft ist mit 3'750 gleich hoch wie das Eigenkapital der Tochter. Da die Mutter die Tochter nur zu 80% beherrscht, kann sie in ihrer eigenen Bilanz nur 80% des Beteiligungsbuchwerts der Tochter aktivieren, also 3'000 (N 6). In der konsolidierten Bilanz werden Aktiven und Passiven zu 100% aufgenommen (N 1–4). Der Differenzbetrag zum vollen Beteiligungsbuchwert wird in der konsolidierten Bilanz daher als Anteil Dritter (N 7) ausgewiesen.

§ 26 Vornahme der konsolidierten Konzernrechnung

Bilanz Muttergesellschaft

Aktiven		Passiven	
Flüssige Mittel[1]	1'000	Bank[4]	1'000
Beteiligungen[6]	3'000	Aktienkapital/Reserven[5]	3'000
Bilanzsumme	4'000	Bilanzsumme	4'000

Bilanz Tochtergesellschaft

Aktiven		Passiven	
Flüssige Mittel[1]	1'000	Bank[4]	1'000
Maschine A[2]	1'000	Aktienkapital/Reserven[6]	3'750
Liegenschaft A[3]	2'750		
Bilanzsumme	4'750	Bilanzsumme	4'750

Konsolidierte Konzernbilanz

Aktiven		Passiven	
Flüssige Mittel[1]	2'000	Bank[4]	2'000
Maschine A[2]	1'000	Aktienkapital/Reserven[5]	3'000
Liegenschaft A[3]	2'750	Anteil Dritter[6]	750
Bilanzsumme	5'750	Bilanzsumme	5'750

3. Quotenkonsolidierung

a. Grundlagen

Bei Gemeinschaftsunternehmen (sog. «Joint Ventures») besteht in der Regel eine gemeinsame Leitung, aber keine Beherrschung durch ein Mutterunternehmen. Eine Vollkonsolidierung kommt daher nicht in Frage. Vielmehr erfassen beide Unternehmen je die Hälfte des gemeinsam geführten Unternehmens. Swiss GAAP FER beschreiben diese Methode als Wahlmöglichkeit für die Bilanzierung von Joint Ventures. Beteiligungen von 50 % an Gemeinschaftsunter-

4. Teil Konzernrechnungslegung

nehmen können also nach der Methode der Quotenkonsolidierung in die Konsolidierung einbezogen oder nach der Equity-Methode erfasst werden (vgl. dazu Ziff. 4, S. 129 ff.).

b. Vornahme der Konsolidierung

Bei der Quotenkonsolidierung wird nur derjenige Teil der Bilanz wie auch der Erfolgsrechnung der Tochtergesellschaft konsolidiert, welcher der Beteiligungsquote entspricht. Dabei wird der Anteil des mitbeteiligten Unternehmens als «Anteil Dritte» nicht ausgewiesen.

Beispiel zur Quotenkonsolidierung:

Die Muttergesellschaft hält 50 % der Stimmrechte und des Eigenkapitals des Gemeinschaftsunternehmens. Die Aktiven und Passiven der Tochter werden nur zu 50 % in die konsolidierte Bilanz aufgenommen. Beispielsweise setzen sich die flüssigen Mittel in der konsolidierten Bilanz aus den flüssigen Mitteln der Mutter (2'000) und der Hälfte der flüssigen Mittel des Gemeinschaftsunternehmens (500) zusammen.

Bilanz Muttergesellschaft

Aktiven		Passiven	
Flüssige Mittel[1]	2'000	Bank[4]	1'200
Beteiligungen[6]	1'500	Aktienkapital/Reserven[5]	2'300
Bilanzsumme	3'500	Bilanzsumme	3'500

Bilanz Gemeinschaftsunternehmen

Aktiven		Passiven	
Flüssige Mittel[1]	1'000	Bank[4]	1'000
Maschine A[2]	1'000	Aktienkapital/Reserven[6]	3'000
Liegenschaft A[3]	2'000		
Bilanzsumme	4'000	Bilanzsumme	4'000

§ 26 Vornahme der konsolidierten Konzernrechnung

Konsolidierte Konzernbilanz

Aktiven		Passiven	
Flüssige Mittel[1]	2'500	Bank[4]	1'700
Maschine A[2]	500	Aktienkapital/Reserven[5]	2'300
Liegenschaft A[3]	1'000		
Bilanzsumme	4'000	Bilanzsumme	4'000

4. Equity-Methode

a. Grundlagen

Soweit beim Beteiligungsunternehmen keine Beherrschung besteht oder der Anteil der Stimmrechte unter 50 %, aber mindestens 20 % beträgt, wird angenommen, dass dennoch ein massgeblicher Einfluss durch die Muttergesellschaft möglich ist. Die Jahresabschlüsse dieser sog. «assoziierten Unternehmen» werden zwar nicht voll konsolidiert, doch erfolgt im Interesse eines möglichst zuverlässigen Einblicks in die tatsächliche Vermögens-, Finanz- und Ertragslage des Konzerns eine Konsolidierung nach der Equity-Methode *(one-line consolidation)*. Sie ist gemäss Swiss GAAP FER 30 Ziff. 12 für assoziierte Gesellschaften vorgeschrieben, in der Regel bei Unternehmen, an denen eine Beteiligung zwischen 20 und 50 % besteht. Nach IFRS ist die Equity-Methode anzuwenden, wenn das Mutterunternehmen über einen massgeblichen Einfluss auf die Tätigkeit des Beteiligungsunternehmens verfügt, aber keine Beherrschung vorliegt (IAS 28.5 ff.), also insbesondere auch für Joint Ventures.

b. Anwendung der Equity-Methode

Bei der erstmaligen Anwendung der Equity-Methode für die Bewertung einer Beteiligung erfolgt eine Neubewertung des Gesamtunternehmens. Der Wert der Beteiligung entspricht dem Anteil am Eigenkapital des Beteiligungsunternehmens. Die Differenz zwischen diesem Wert und dem Kaufpreis wird in der Regel als *Good-*

4. Teil Konzernrechnungslegung

will oder *Badwill* verbucht (vgl. dazu ausführlich § 27 Ziff. 3 lit. b und c, S. 136 ff.).

In den Folgeperioden erhöhen sich die ursprünglichen Anschaffungskosten der Beteiligung um den Anteil des Mutterunternehmens am Gewinn des Beteiligungsunternehmens und vermindern sich um den Anteil der Muttergesellschaft an den Verlusten der Tochtergesellschaft und von dieser erhaltene Dividenden.

Beispiel: Kapitalkonsolidierung nach der equity accounting-Methode

Die Muttergesellschaft hält 30 % der Stimmrechte und des Eigenkapitals des assoziierten Unternehmens. Der Kaufpreis der Beteiligung beträgt 500 und wird entsprechend in der Bilanz der Mutter aktiviert. Durch die Konsolidierung ändert sich der Beteiligungsbuchwert und entspricht neu dem anteiligen (N 1) Eigenkapital des assoziierten Unternehmens (N 3; 360 sind 30 % von 1'200). Der im Beteiligungsbuchwert in der Bilanz der Mutter (500) enthaltene Goodwill wird in der konsolidierten Bilanz separat ausgewiesen (N 2).

Bilanz Muttergesellschaft

Aktiven		Passiven	
Flüssige Mittel	2'000	Bank	1'200
Beteiligungen	500	Aktienkapital/Reserven	1'300
Bilanzsumme	2'500	Bilanzsumme	2'500

Bilanz Assoziiertes Unternehmen

Aktiven		Passiven	
Flüssige Mittel	800	Bank	1'000
Maschine A	1'100	Aktienkapital/Reserven	1'200
Liegenschaft	300		
Bilanzsumme	2'200	Bilanzsumme	2'200

§ 26 Vornahme der konsolidierten Konzernrechnung

Konsolidierte Konzernbilanz

Aktiven		Passiven	
Flüssige Mittel	2'000	Bank	1'200
Beteiligungen	360	Aktienkapital/Reserven	1'300
Goodwill	140		
Bilanzsumme	2'500	Bilanzsumme	2'500

5. Beteiligungen unter 20 Prozent

Beteiligungen mit einem Stimmrechtsanteil unter 20 % werden im Allgemeinen nicht konsolidiert, sondern als übrige Finanzanlagen bilanziert (Bewertung der Beteiligung zum Anschaffungswert nach OR und Swiss GAAP FER, zum Marktwert nach IFRS).

Ist auch bei der Beteiligung unter 20 % ein massgeblicher Einfluss durch die Muttergesellschaft möglich, so wird quotenkonsolidiert oder nach der Equity-Methode vorgegangen.

Als übrige Finanzanlagen werden ebenfalls Beteiligungen über 20 % bilanziert, sofern diese in der Absicht erworben und gehalten werden, sie innerhalb von zwölf Monaten nach dem Erwerb zu veräussern.

6. Quellen

Swiss GAAP FER	Swiss GAAP FER 30 Ziff. 5
IFRS	IFRS 9; 10; 11; IAS 28
BankV	Art. 25e BankV (Grundsätze der Konsolidierung)

§ 27 Bilanzkonsolidierung

1. Grundlagen

Das Bilanzkonsolidierungsverfahren wird nachfolgend für die Vollkonsolidierung erläutert.

2. Konsolidierung von konzerninternen Schulden und Forderungen

In einem ersten Schritt werden die konzerninternen Schulden und Forderungen konsolidiert, in einem zweiten Schritt die Beteiligungen, also die Buchwerte der Beteiligungen in der Bilanz der Mutter und das Eigenkapital in den Bilanzen der Beteiligungen. Die Konsolidierung von Schulden und Forderungen erfolgt durch die Verrechnung der Forderungen und Verbindlichkeiten der Konzerngesellschaften untereinander (z.B. Darlehen, Anzahlungen, Guthaben). Dabei werden konzerninterne Aktiven und Passiven, insbesondere Forderungen und Verbindlichkeiten der konsolidierten Organisationen untereinander, Beteiligungswerte und das entsprechende Eigenkapital der konsolidierten Organisationen verrechnet resp. eliminiert.

In einem ersten Schritt werden die konzerninternen Guthaben und Schulden verrechnet. Diese erscheinen in den Bilanzen von zwei Konzerngesellschaften, einmal als Schuld, einmal als Guthaben. Die drei verrechneten Ansprüche werden jeweils mit zwei Quadraten (■), zwei Kreisen (●) oder zwei Dreiecken (▲) markiert. Nach Verrechnung aller Schulden und Forderungen werden die Beteiligungsbuchwerte und das entsprechende Eigenkapital der konsolidierten Unternehmen gestützt auf die Vorschriften über die Kapitalkonsolidierung konsolidiert.

§ 27 Bilanzkonsolidierung

M		T1		T2		Konsolidierung		Konzernbilanz	
Aktiven									
Bar	500	Bar	300	Bar	200	500 + 300 + 200		Bar	1'000
Bet. T1	1'000								
Bet. T2	500								
		Guthaben M ■ 200		Guthaben M ● 300					
		Guthaben T2 ▲ 500							
		AV	1'000	AV	1'500	1'000 + 1'500		AV	2'500
Passiven									
Schuld T1 ■ 200				Schuld T1 ▲ 500					
Schuld T2 ● 300									
weiteres FK	500	FK	1'000	weiteres FK	1'000	500 + 1'000 + 1'000		FK	2'500
EK	1'000	EK	1'000	EK	500			EK	1'000

3. Bilanzierung von Anteilen an Tochterunternehmen

a. Grundlagen

Der Wert des Tochterunternehmens ist in den konsolidierten Bilanzen von Konzerngesellschaften immer doppelt enthalten. Zum einen als Summe der Aktiven und Schulden (Nettovermögen oder Eigenkapital) in der Bilanz des Tochterunternehmens und zum anderen als Beteiligungsbuchwert in der Bilanz des Mutterunternehmens. In der konsolidierten Konzernbilanz werden diese Aktiven und Schulden der Tochter direkt als Aktiven und Schulden des Konzerns bilanziert, d.h., der Beteiligungswert an den Tochtergesellschaften wird durch die (Netto-)Aktiven der Tochtergesellschaften ersetzt. Dabei wird vorgegangen, wie wenn das Nettovermögen der Tochtergesellschaft erworben worden wäre. Wenn der Buchwert der Beteiligung in der Bilanz der Muttergesellschaft exakt dem Eigenkapital oder dem Nettovermögen der Konzerntöchter entspricht, erfolgt die Konsolidierung durch einen einfachen «Aktiventausch», d.h., der Beteiligungsbuchwert wird eliminiert und es werden stattdessen die Aktiven und Passiven der Tochtergesellschaft in die Konzernbilanz aufgenommen. Die konzerninternen Guthaben und Schulden werden eliminiert.

So einfach liegen die Dinge aber nie: Dieser «Aktiventausch» verursacht in der Praxis regelmässig Differenzbeträge zwischen dem aktivierten Wert der Beteiligung bei der Muttergesellschaft und dem Eigenkapital oder Nettovermögen der konsolidierten Tochtergesellschaft. Die sog. «Kapitalaufrechnungsdifferenzen» sind positiv, wenn der Beteiligungsbuchwert der Tochtergesellschaft höher ist als deren Eigenkapital (Nettovermögen), beziehungsweise negativ, wenn der Beteiligungsbuchwert tiefer ist. Eine positive Kapitalaufrechnungsdifferenz bedeutet, dass der aktivierte Wert der Beteiligung (z.B. als Kaufpreis) höher ist als das nominelle Eigenkapital der (Tochter-)Gesellschaft. Für die Gesellschaft wurde demnach ein Preis bezahlt, der ihr (nominelles) Eigenkapital übersteigt. Dies

§ 27 Bilanzkonsolidierung

M		T1		T2		Konsolidierung		Konzernbilanz	
Aktiven									
Bar	500	Bar	300	Bar	200	500 + 300 + 200		Bar	1'000
Bet. T1	1'000								
Bet. T2	500								
		AV	1'000	AV	1'500	1'000 + 1'500		AV	2'500
Passiven									
FK	500	FK	1'000	FK	1'000	500 + 1'000 + 1'000		FK	2'500
EK	1'000	EK	1'000	EK	500			EK	1'000

ist immer dann der Fall, wenn sich der Preis oder Unternehmenswert der Gesellschaft nicht nur aus deren (Buchwert-)Eigenkapital, sondern auch aus nicht bilanzierten Werten (wie Zukunftspotential, stille Reserven etc.) ergibt.

Der Differenzbetrag zwischen dem Eigenkapital der Tochter und dem Kaufpreis ist die Kapitalaufrechnungsdifferenz. Diese wird in die konsolidierte Bilanz (teilweise) als Goodwill übertragen. Der Beteiligungsbuchwert erscheint in der konsolidierten Bilanz nicht mehr. Derjenige Teil der Kapitalaufrechnungsdifferenz, der auf stille Reserven bei der Tochtergesellschaft zurückzuführen ist, wird vor der Konsolidierung aufgelöst und verteilt.

Umgekehrt ist die Kapitalaufrechnungsdifferenz negativ, wenn der Beteiligungsbuchwert der Tochtergesellschaft in der Bilanz der Muttergesellschaft tiefer ist als das Eigenkapital der Tochtergesellschaft. In diesem Fall wird die Kapitalaufrechnungsdifferenz als Badwill in die konsolidierte Bilanz aufgenommen.

b. Goodwill

aa. Erstkonsolidierung

Der Goodwill ergibt sich bei seiner ersten Konsolidierung (z.B. nach dem Erwerb der Tochtergesellschaft) aus der Formel «aktivierter Wert der Beteiligung bei der Muttergesellschaft minus Eigenkapital (Aktienkapital, Reserven, Gewinnvortrag) der Tochtergesellschaft».

Beispiel: Die Muttergesellschaft hält 100 % der Stimmrechte und des Eigenkapitals der Tochtergesellschaft. Die Beteiligung A ist bei der Muttergesellschaft mit 5'000 bilanziert (Kaufpreis, N 2). Das Eigenkapital der Tochtergesellschaft A beträgt aber nur 3'750 (N 8). Unter der Annahme, dass der Kaufpreis dem wirklichen Unternehmenswert der Tochter entspricht (N 2), zeigt der Unterschied zwischen Kaufpreis (5'000) und Eigenkapital der Tochter (3'750, N 8), dass in der Tochter nicht bilanzierte Werte enthalten sind (Goodwill, 1'250, N 5).

§ 27 Bilanzkonsolidierung

Bilanz Muttergesellschaft

Aktiven		Passiven	
Flüssige Mittel[1]	1'000	Bank[6]	1'000
Beteiligungen[2]	**5'000**	Aktienkapital/Reserven[7]	5'000
Bilanzsumme	6'000	Bilanzsumme	6'000

Bilanz Tochtergesellschaft

Aktiven		Passiven	
Flüssige Mittel[1]	1'000	Bank[6]	1'000
Maschine A[3]	1'000	**Aktienkapital/Reserven**[8]	**3'750**
Liegenschaft[4]	2'750		
Bilanzsumme	4'750	Bilanzsumme	4'750

Konsolidierte Konzernbilanz

Aktiven		Passiven	
Flüssige Mittel[1]	2'000	Bank[6]	2'000
Maschine A[3]	1'000	Aktienkapital/Reserven[7]	5'000
Liegenschaft[4]	2'750		
Goodwill[5]	**1'250**		
Bilanzsumme	7'000	Bilanzsumme	7'000

Verfügt die Muttergesellschaft über weniger als 100 % des Kapitals der Tochtergesellschaft, wird nur der konzernzugehörige Anteil des Eigenkapitals, d.h. im Umfang der Beteiligung, abgezogen.

Beispiel: Die 80 %-Beteiligung A ist bei der Muttergesellschaft mit 4'000 (Kaufpreis) bilanziert. Das (gesamte) Eigenkapital der Tochtergesellschaft A beträgt 3'750. Die Muttergesellschaft verfügt über 80 % der Tochtergesellschaft A. In diesem Fall errechnet sich der Goodwill nach der Formel: *Goodwill = 4'000 − (3'750 x 0,8) = 1'000*.

Eine Konsolidierung des vollen Goodwills bedingt eine Unternehmensbewertung der Tochtergesellschaft und ist äusserst kompliziert. Sie ist nach IFRS 10 vorgeschrieben.

bb. Folgekonsolidierung

Für die Bewertung des Goodwills in den Folgeperioden gibt es keine einheitlichen Vorschriften. Es werden grundsätzlich drei Methoden angewendet.

Goodwill aktivieren und abschreiben: Der Goodwill wird in der Regel über einen Zeitraum von 5 bis 20 Jahren linear abgeschrieben, wobei stets eine jährliche Neubewertung erforderlich ist, um allfälligen Veränderungen Rechnung zu tragen. Das kann bedeuten, dass zusätzliche Wertberichtigungen nötig werden, wenn der Goodwill schneller an Wert verliert. Es ist auch möglich, den ganzen Goodwill sofort nach der Akquisition erfolgswirksam abzuschreiben. Je kürzer die Abschreibungsdauer, desto höher ist die Belastung der Erfolgsrechnung.

Goodwill verrechnen: Die Aktivierung des Goodwills in der Konzernrechnung ist nicht unproblematisch, da die Werte, die ihn ausmachen, nach allgemeinen Bewertungsvorschriften eigentlich nicht aktivierbar sind. Als weitere Methode besteht daher die Möglichkeit einer offenen Verrechnung des Goodwills mit dem Eigenkapital (Reserven) des Mutterunternehmens. Das bedeutet, dass anstelle einer Aktivierung des Goodwills, das Eigenkapital der Muttergesellschaft entsprechend reduziert wird.

Aus Transparenzgründen hat der Konzern im Rahmen einer Schattenrechnung diesen Vorgang (Aktivierung des Goodwills und gleichzeitige Abschreibung zu Lasten des Eigenkapitals) im Anhang zu beschreiben. Diese Schattenrechnung ermöglicht dem Investor zu erkennen, wie die finanzielle Situation bei der Aktivierung des Goodwills aussehen würde. Diese Methode der Verrechnung des Goodwills mit dem Eigenkapital ist nach Swiss GAAP FER im Zeitpunkt der Erstkonsolidierung zulässig (Swiss GAPP FER 30

Ziff. 16). Nach IFRS ist diese Methode nicht zulässig (IFRS 3.54; IFRS 3.B63a).

Impairment-only-Ansatz: Der Goodwill wird als Mehrwert anerkannt und aktiviert. Bei dieser Methode erfolgt eine jährliche Neubewertung (sog. «Unternehmensbewertung») der Beteiligung und damit auch des Goodwills, um festzustellen, ob der in der Bilanz des Mutterunternehmens aktivierte Wert für das Tochterunternehmen auch im Folgejahr noch besteht. Wenn der Wert gesunken ist, muss der Goodwill zu Lasten der Erfolgsrechnung entsprechend wertberichtigt werden. Bei einem gestiegenen Wert des Tochterunternehmens ist jedoch eine Erhöhung des Goodwills nicht zulässig. Die *Impairment-only*-Methode ist ausschliesslich gestützt auf die Vorschriften der IFRS (IFRS 3.56; IFRS 3.B63a) zulässig. Die Methode birgt das Risiko, dass Goodwill übermässig lange aktiviert bleibt.

c. **Badwill**

aa. Grundlagen

Negative Kapitalaufrechnungsdifferenzen werden als Badwill (negativer Goodwill, passive Kapitalaufrechnungsdifferenzen) bezeichnet. Hier ist der Beteiligungsbuchwert tiefer als das Eigenkapital der Tochtergesellschaft. Ein solcher Badwill kann sich aus einem günstigen Kauf für den Erwerber, aus erwarteten negativen Erfolgsaussichten des erworbenen Unternehmens, aus stillen Lasten im Jahresabschluss oder als Folge der sofortigen Abschreibung der Beteiligung bei der Muttergesellschaft ergeben.

bb. Erstkonsolidierung

Der Badwill ergibt sich bei der ersten Konsolidierung (z.B. nach dem Erwerb der Tochtergesellschaft) aus der Formel «aktivierter Wert der Beteiligung in der Muttergesellschaft minus Eigenkapital (Aktienkapital, Reserven, Gewinnvortrag) der Tochter».

4. Teil Konzernrechnungslegung

Beispiel: Die Muttergesellschaft hält 100 % der Stimmrechte und des Eigenkapitals der Tochtergesellschaft. Die Beteiligung A ist bei der Muttergesellschaft mit 2'000 bilanziert (Kaufpreis, N 2). Das Eigenkapital der Tochtergesellschaft A beträgt aber 3'750 (N 7). Unter der Annahme, dass der Kaufpreis dem wirklichen Unternehmenswert der Tochter entspricht (N 2), zeigt der Unterschied zwischen Kaufpreis (2'000) und Eigenkapital der Tochter (3'750, N 7), dass in der Tochter bilanzierte Werte enthalten sind, die sich nicht auf den Unternehmenswert auswirken (Badwill, 1'750, N 8).

Bilanz Muttergesellschaft

Aktiven		Passiven	
Flüssige Mittel[1]	1'000	Bank[5]	1'000
Beteiligungen A[2]	**2'000**	Aktienkapital/Reserven[6]	2'000
Bilanzsumme	3'000	Bilanzsumme	3'000

Bilanz Tochtergesellschaft

Aktiven		Passiven	
Flüssige Mittel[1]	1'000	Bank[5]	1'000
Maschine A[3]	1'000	**Aktienkapital/Reserven[7]**	**3'750**
Liegenschaft[4]	2'750		
Bilanzsumme	4'750	Bilanzsumme	4'750

Konsolidierte Konzernbilanz

Aktiven		Passiven	
Flüssige Mittel[1]	2'000	Bank[5]	2'000
Maschine A[3]	1'000	**Badwill[8]**	**1'750**
Liegenschaft[4]	2'750	Aktienkapital/Reserven[6]	2'000
Bilanzsumme	5'750	Bilanzsumme	5'750

cc. Folgekonsolidierung

Badwill wird oft unter den langfristigen Rückstellungen ausgewiesen und in der Regel im Laufe von fünf Jahren (erfolgswirksam) aufgelöst.

4. Konsolidierung von Eventualverbindlichkeiten

Verpfändet die Muttergesellschaft eine eigene Liegenschaft zur Sicherung eines Bankkredites einer Tochtergesellschaft, so passiviert sie u.U. diese Eventualverpflichtungen in ihrer Bilanz oder beschreibt sie im Anhang. Auch die Tochtergesellschaft führt die gesicherte Schuld in der eigenen Bilanz auf. Damit ein doppelter Ausweis von Verbindlichkeiten und sich darauf beziehenden Eventualverpflichtungen vermieden wird, ist sie nur im Anhang der Mutterbilanz, nicht aber in jener der Konzernbilanz auszuweisen. Dort wird die verpfändete Liegenschaft als belastetes Aktivum für konzerneigene Schulden aufgeführt. Offengelegt werden müssen nur Eventualverpflichtungen gegenüber nicht konsolidierten Beteiligungen, wichtigen Aktionären oder Dritten.

5. Beispiel Bilanzkonsolidierung (100-Prozent-Beteiligungen)

Bilanz Muttergesellschaft

Aktiven		Passiven	
Flüssige Mittel[1]	2'000	Bank[5]	1'000
Beteiligung A[2]	2'000	Schuld A[6]	2'000
Beteiligung B[3]	2'000	Aktienkapital/Reserven[13]	4'000
Forderung B[4]	1'000		
Bilanzsumme	7'000	Bilanzsumme	7'000

4. Teil Konzernrechnungslegung

Bilanz Tochter A

Aktiven		Passiven	
Flüssige Mittel[1]	1'000	Bank[5]	1'000
Maschine A[2]	1'000	Aktienkapital[8]	4'000
Liegenschaft A[3]	1'000	Reserven[8]	2'000
Forderung B[7]	2'000		
Forderung M[6]	2'000		
Bilanzsumme	7'000	Bilanzsumme	7'000
		Eigenkapital	6'000

Bilanz Tochter B

Aktiven		Passiven	
Flüssige Mittel[1]	1'000	Bank[5]	1'000
Maschine B[2]	1'000	Schuld A[7]	2'000
Liegenschaft B[3]	2'000	Schuld M[4]	1'000
Verlustvortrag[9]	2'000	Aktienkapital[10]	2'000
Bilanzsumme	6'000	Bilanzsumme	6'000
		Eigenkapital	0

Vorgehen:

Eliminierung der konzerninternen Forderungen:
- Forderung A gegenüber B (N 7);
- Forderung A gegenüber M (N 6);
- Forderung M gegenüber B (N 4).

Eliminierung der konzerninternen Beteiligungen:
- Beteiligung A (N 2): Das Eigenkapital der A beträgt 6'000 (N 8). Die Differenz zum Beteiligungsbuchwert (N 2) ergibt einen Badwill von 4'000 (N 12);

§ 27 Bilanzkonsolidierung

- Beteiligung B (N 3): Das Eigenkapital der B beträgt 0 (N 9, 10). Die Differenz zum Beteiligungsbuchwert (N 3) ergibt einen Goodwill von 2'000 (N 11).

Zusammenführen von Aktiven und Passiven in die konsolidierte Bilanz:
- Flüssige Mittel (N 1);
- Maschinen (N 2);
- Liegenschaften (N 3);
- Bank (N 5);
- das Aktienkapital und die Reserven der Mutter (N 13) werden direkt in die konsolidierte Bilanz übertragen.

Konsolidierte Konzernbilanz

Aktiven		Passiven	
Flüssige Mittel[1]	4'000	Bank[5]	3'000
Maschinen[2]	2'000	Badwill[12]	4'000
Liegenschaften[3]	3'000	Aktienkapital/Reserven[13]	4'000
Goodwill[11]	2'000		
Bilanzsumme	11'000	Bilanzsumme	11'000

4. Teil Konzernrechnungslegung

§ 28 Erfolgsrechnungskonsolidierung

1. Grundlagen

Wie die Konzernbilanz eliminiert auch die Konzernerfolgsrechnung konzerninterne Vorgänge, die ohne Konsolidierung doppelt oder erhöht erscheinen würden. Die Erfolgsrechnungskonsolidierung wird nachfolgend für die Vollkonsolidierung erläutert.

2. Dividendenkonsolidierung

In der Konzernerfolgsrechnung sind die Dividendenerträge aus den Beteiligungen an den Tochtergesellschaften zu eliminieren, denn aus der Gesamtkonzernsicht stellen diese Dividendenerträge keinen Ertrag dar, sondern sind eine reine Geldverschiebung von der Tochter- zur Mutterebene.

3. Behandlung von Zwischengewinnen

Grundsätzlich sind Gewinne, die im Rahmen von Transaktionen unter Konzerngesellschaften entstanden sind, zu eliminieren, denn dabei handelt es sich – wenn der Konzern als Einheit betrachtet wird – um rein interne Vorgänge innerhalb des Unternehmens «Konzern». Der «Konzernerfolg» besteht also nur aus dem Erfolg im Verkehr mit Dritten, nicht aber aus dem Erfolg, der durch Geschäfte innerhalb des Konzerns erzielt wird. Um diesen Erfolg im Aussenverhältnis festzustellen, sind die Aufwände aller Konzerngesellschaften zu den Erlösen aller Konzerngesellschaften in Bezug zu setzen. Dabei ist es notwendig, dass sowohl die Aufwände wie auch die Erlöse nach einheitlichen Kriterien festgelegt werden. Solange die Einheitlichkeit sichergestellt ist, ist der Konzern in der Konsolidierung nach OR relativ frei. In der Regelwerk-Konsolidierung bestehen demgegenüber präzise Regeln, nach denen dieser Konzernerfolg festgelegt wird.

§ 29 Konzern-Cash-Flow-Rechnung

1. Grundlagen

Die Konzern-Cash-Flow-Rechnung stellt die Zahlungsströme einer Berichtsperiode zwischen dem Konzern und Dritten dar. Sie gibt darüber Auskunft, welche Geldmittel der Konzern aus seiner Geschäftstätigkeit erwirtschaftet, welche zahlungswirksamen Investitionstätigkeiten und welche Finanzierungsmassnahmen vorgenommen worden sind. Von der Cash-Flow-Rechnung der Muttergesellschaft unterscheidet sie sich dadurch, dass sie alle Geldflüsse im Konzern umfasst und insbesondere nicht voraussetzt, dass diese Geldflüsse bei der Muttergesellschaft erfolgt sind.

2. Gefahren der konsolidierten Cash-Flow-Rechnung

Bei der Analyse der Konzern-Cash-Flow-Rechnung ist immer zu beachten, dass es keine einheitliche Konzernliquidität gibt. Die liquiden Mittel stehen immer den einzelnen Konzerngliedern zu und können nicht ohne weiteres im Konzerninteresse verwendet werden. Solche konzernweiten einheitlichen Liquiditätsverwendungen, sog. «Cashpools», sind zwar grundsätzlich zulässig, aber führen zu zahlreichen Problemen, vor allem wenn die wirtschaftliche Leistungsfähigkeit einiger Konzernglieder sinkt und ihr Konkurs nicht mehr ausgeschlossen werden kann. Beispielsweise steht bei einem hohen freien Konzern-Cash-Flow keinesfalls fest, dass dieser ohne weiteres für die Finanzierung des Konzerns verwendet werden darf. Vielmehr ist es durchaus denkbar, dass ein hoher freier Konzern-Cash-Flow auf einen hohen freien Cash-Flow in einer Tochter zurückzuführen ist, die nicht befugt ist, diese Liquidität an die Konzernmutter weiterzuleiten, sodass diese Liquidität für die Konzernfinanzierung nicht verwendet werden kann. Besonders akut stellt sich das Problem, wenn Minderheitsaktionäre an dieser

Tochtergesellschaft beteiligt sind. Diese rechtlichen Einschränkungen, die sich aus zwingenden Kapitalschutzvorschriften der einzelnen Konzerngesellschaften ergeben, sind für den Abschlussleser nicht feststellbar. Im Einzelabschluss kann durch einen Blick auf die Erfolgsrechnung rasch festgestellt werden, wie der Free Cash Flow verwendet werden kann. Im Konzern ist das nicht möglich, denn die Einschränkung in der Verwendung der Liquidität ergibt sich ausschliesslich aus den (oft nicht publizierten) Bilanzen der betreffenden Tochterunternehmen. Die konsolidierte Cash-Flow-Rechnung kann nicht nur die Aussagekraft der Zahlen einschränken, sondern auch zu falschen Entscheiden führen.

5. Teil Revisionsrecht

§ 30 Grundlagen

Die Revisionsstelle prüft, ob die Buchführung und die Jahresrechnung sowie der Antrag über die Verwendung des Bilanzgewinnes dem Gesetz und den Statuten entsprechen (Art. 728a OR, ordentliche Revision; vgl. § 32 Ziff. 2, S. 151 ff.) oder Sachverhalte vorliegen, aus denen zu schliessen ist, dass die Jahresrechnung den gesetzlichen Vorschriften und den Statuten nicht entspricht (Art. 729a OR, eingeschränkte Revision; vgl. § 32 Ziff. 3, S. 155 ff.). Sie erstellt einen schriftlichen Bericht an die Generalversammlung und bei der ordentlichen Revision auch an den Verwaltungsrat.

Die Vorschriften der Art. 728a und 729a OR sind am 1. Januar 2008 in Kraft getreten.

Im **Prüfungsbericht** äussert sich der Revisor zum Jahresabschluss. Bei der ordentlichen Revision sichert er zu, dass die finanzielle Lage des Unternehmens im Rahmen der gesetzlichen Vorschriften dargestellt ist (d.h., die Buchhaltung und die Jahresrechnung gesetzes- und statutenkonform geführt sind; Art. 728b OR). Bei der eingeschränkten Revision beschränkt sich der Prüfer auf die Feststellung, dass keine Sachverhalte vorliegen, welche darauf hindeuten, der Jahresabschluss entspräche nicht den Statuten oder gesetzlichen Vorschriften (Art. 729b OR).

Die Qualität des Prüfungsberichts ergibt sich aus der **Prüfungsmethode.** Der Bericht der Revisionsstelle besagt also nicht, dass jeder wirtschaftliche Vorgang in der Buchhaltung und der Jahresrechnung korrekt abgebildet ist, sondern dass der Prüfer gestützt auf die von ihm gewählte Prüfungsmethode zu diesem oder jenem Schluss gelangt ist. Die Prüfungsaussage ist so gut und so aussagekräftig wie die (sorgfältig angewendete) Prüfungsmethode.

Die Revisionsstelle wird für ein bis drei Geschäftsjahre gewählt. Ihr Amt endet mit der Abnahme der letzten Jahresrechnung. Eine Wiederwahl ist möglich (Art. 730a Abs. 1 OR). Nach dem revidierten Aktienrecht kann die Generalversammlung die Revisionsstelle nur noch aus wichtigen Gründen abberufen (Art. 730a Abs. 4 OR).

§ 31 Revisionspflicht

1. Grundlagen

Gemäss Art. 727 OR müssen Publikumsgesellschaften ihre Jahresrechnung und gegebenenfalls ihre Konzernrechnung durch eine Revisionsstelle ordentlich prüfen lassen. Ebenfalls müssen Unternehmen ihre Jahresrechnung und gegebenenfalls ihre Konzernrechnung ordentlich prüfen lassen, die zwei der nachstehenden Grössen in zwei aufeinander folgenden Geschäftsjahren überschreiten:
- **Bilanzsumme** von **20** Mio. CHF;
- **Umsatzerlös** von **40** Mio. CHF;
- **250 Vollzeitstellen** im Jahresdurchschnitt.

Erfolgt die Rechnungslegung nicht in Franken, so ist zur Festlegung der Werte für die Bilanzsumme der Umrechnungskurs zum Bilanzstichtag und für den Umsatzerlös der Jahresdurchschnittskurs massgebend (Art. 727 Abs. 1bis OR).

Eine ordentliche Revision ist schliesslich auch dann vorgeschrieben, wenn Aktionäre, die zusammen mindestens 10 % des Aktienkapitals vertreten, dies verlangen, die Statuten dies vorsehen, die Generalversammlung es beschliesst oder eine konsolidierte Konzernrechnung erstellt werden muss. Im Recht der GmbH und der Genossenschaft steht dieses Recht auch Gesellschaftern zu, die einer Nachschusspflicht unterliegen oder einen Anspruch auf eine Abgangsentschädigung (GmbH) haben. Der Revisionspflicht unterworfen sind auch der Verein (Art. 69b ZGB), die Stiftung (Art. 83b ZGB) und die Genossenschaft (Art. 906 OR).

Sind die Voraussetzungen für eine ordentliche Revision nicht gegeben, muss die Gesellschaft ihre Jahresrechnung durch eine Revisionsstelle **eingeschränkt** prüfen lassen (Art. 727a Abs. 1 OR).

Das Gesetz ermöglicht unter bestimmten Voraussetzungen im Zusammenhang mit der Prüfungsart und dem Prüfungsumfang die im Folgenden aufgeführten **Möglichkeiten.**

2. Verzicht auf Prüfung *(Opting-out)*

Bei Gesellschaften, die nur zu einer eingeschränkten Revision verpflichtet sind, kann mit Zustimmung aller Gesellschafter auf eine Revision verzichtet werden, wenn die Gesellschaft nicht mehr als zehn Vollzeitstellen aufweist (Art. 727a Abs. 2 OR). Unter dem geltenden Recht ist es möglich, den Verzicht rückwirkend zu erklären. Es bestehen jedoch Bestrebungen, die Möglichkeit des rückwirkenden Opting-out aus der Revisionspflicht abzuschaffen und nur noch ein Opting-out für die kommenden Geschäftsjahre zuzulassen.

3. Erweiterter Prüfungsumfang *(Opting-up)*

In Gesellschaften, die nur zu einer eingeschränkten Revision verpflichtet sind, können Minderheiten, die 10 % des Gesellschaftskapitals vertreten, eine **ordentliche Revision verlangen** (Art. 727 Abs. 2 OR). Das gleiche Recht haben Gesellschafter, die einer persönlichen Haftung oder Nachschusspflicht unterliegen (die Frage stellt sich vor allem in der GmbH und der Genossenschaft). Denkbar ist auch, dass die Gesellschaft sich im Gläubiger- oder Aktionärsinteresse freiwillig einer aufwendigeren Revision unterzieht.

4. Verringerter Prüfungsumfang *(Opting-down)*

Wenn die Voraussetzungen für ein Opting-out vorliegen, kann stattdessen auch eine **reduzierte Revision** stattfinden, die den Anforderungen der eingeschränkten Revision nicht entspricht. Als Alternative zum Opting-out besteht die Möglichkeit, sich einer Revision nach dem Review-Standard der Treuhandkammer zu unterziehen (ISRE-CH 2400 und 2410). Dabei wird auf angemessene Detailprüfungen verzichtet (wie das im Gesetzgebungsprozess für die eingeschränkte Revision ursprünglich vorgesehen war).

5. Freiwillige Revision *(Opting-in)*

Auch ohne Revisionspflicht kann eine Revision notwendig oder sinnvoll sein, wenn wesentliche Gläubiger (z.B. Banken) dies im Rahmen vertraglicher Beziehungen verlangen oder gegenüber wichtigen Minderheitsgesellschaftern Vertrauen geschaffen werden soll.

§ 32 Ordentliche und eingeschränkte Revision

1. Prüfungsstandards

Neben den Bestimmungen des OR, die nur Grundsätze beschreiben, werden Revisionen gestützt auf die Prüfungsvorschriften durchgeführt, welche von der EXPERTsuisse (vormals Treuhand-Kammer) ausgearbeitet wurden. Aktuell gültig sind die Schweizer Standards zur Abschlussprüfung (Schweizer Standards zur Abschlussprüfung [ISA-CH]; vormals Schweizer Prüfungsstandards [PS]).

Die Prüfungsstandards der EXPERTsuisse wurden in den letzten Jahren immer wieder angepasst. Das Revisionshandbuch der Schweiz (RHB) wurde 1998 durch das Schweizer Handbuch für Wirtschaftsprüfung (HWP) ersetzt.

Die ISA-CH, Ausgabe 2022, entsprechen dem Stand der International Standards on Auditing (ISA) von Oktober 2018 nach Abschluss des Auditor-Reporting-Projekts, des Disclosure-Projekts, des NOCLAR-Projekts sowie der überarbeiteten ISA 540 *(Revised)*.

Die eingeschränkte Revision ist eine schweizerische Eigenheit. Sie basiert auf der international verbreiteten Review (sog. «prüferische Durchsicht») und umfasst zusätzlich die vom Gesetz geforderten angemessenen Detailprüfungen. Die Standards zur Review sind für die eingeschränkte Revision nicht massgebend. Auf die eingeschränkte Revision sind die Schweizer Standard zur Eingeschränkten Revision (SER) anwendbar.

Die ISA-CH und der Standard zur eingeschränkten Revision dienen zudem als Massstab für Gerichte und Behörden, um die Qualität der Prüfungsleistung zu beurteilen. Sie können also auch im Rahmen eines Verantwortlichkeitsverfahrens gegen eine Revisionsstelle relevant werden. Die Schweizer Standards zur Abschlussprüfung und zur Eingeschränkten Revision sind nicht mit den Rechnungslegungsstandards zu verwechseln.

2. Ordentliche Revision

a. Grundlagen

Gemäss Art. 728a Abs. 1 OR prüft die Revisionsstelle, ob die Jahresrechnung und gegebenenfalls die Konzernrechnung und der Vergütungsbericht den gesetzlichen Vorschriften, den Statuten und dem gewählten Rechnungslegungsstandard entsprechen. Die ordentliche Revision knüpft an die Revision nach bisherigem Recht an, insbesondere in Bezug auf die Prüfungsmethodik und das Prüfungsurteil. Sie wird nach den Schweizer Standards zur Abschlussprüfung oder nach anderen international anerkannten Prüfungsstandards durchgeführt. In Ergänzung zum bisherigen Recht wurden gesetzlich die Anforderungen an den Prüfer, insbesondere an seine Qualifikation und Unabhängigkeit, festgelegt (Art. 728; 729

OR; Art. 4 ff.; 11 RAG) und die Prüfung des internen Kontrollsystems vorgeschrieben.

Die Revisionsstelle führt ihre Prüfung so durch, dass wesentliche Fehlaussagen in der Jahresrechnung mit angemessener Sicherheit erkannt werden. Strukturell können drei Etappen der Revision unterschieden werden, wobei jede Prüfungsphase mit den anderen verknüpft ist, teilweise zeitgleich durchgeführt wird und wie ein einheitlicher Prozess wirkt. Die Planung der Revision kann sich also bis zum Zeitpunkt der Berichterstattung erstrecken. Die analytischen Prüfungen werden in jeder Prüfungsphase angewendet.

> Planung der Revision
>
> Durchführung der Revision
> – Systemprüfung (verfahrensorientierte Prüfung)
> – Analytische Prüfung
> – Detailprüfung (ergebnisorientierte Prüfung)
>
> Berichterstattung

b. Planung der Revision

Ausgangslage der Prüfung ist die Planung, primär die **Identifikation und Beurteilung der Risiken.** Die Prüfungsplanung stellt einen wesentlichen Bestandteil der Prüfung dar, der 10 bis 30 % der ganzen Revision ausmachen kann. Dabei prüft der Revisor die Risiken eines Unternehmens, die zu einer Fehlaussage in der Jahresrechnung führen könnten. Schätzt er dieses Risiko als hoch ein, muss der Abschlussprüfer den **Prüfungsumfang** und die **Prüfungstiefe** ausdehnen.

§ 32 Ordentliche und eingeschränkte Revision

c. Durchführung der Prüfung

aa. Grundlagen

Unterschieden wird zwischen verfahrens- und ergebnisorientierten Prüfungshandlungen. Die Systemprüfung und die analytischen Prüfungshandlungen bieten die Möglichkeit, globale Abstimmungen sehr effizient vorzunehmen, liefern aber oft keine prüferische Sicherheit in Bezug auf Einzelnachweise spezifischer Geschäftsvorfälle.

Im Gegensatz dazu gewährleisten die Detailprüfungen von Einzelbelegen zwar eine hohe Prüfungssicherheit, erweisen sich aber bei der Prüfung grosser Volumen als sehr zeitintensiv und wenig effizient.

Die Auswahl des angemessenen Verfahrens ist eine Frage des professionellen Ermessens des Prüfers unter den jeweiligen Umständen.

bb. Systemprüfung

Gegenstand dieser verfahrensorientierten Prüfungshandlungen sind die **Ablauforganisation** sowie das interne **Kontrollsystem im Unternehmen**, d.h. das System, in dem das unternehmerische Geschehen stattfindet. Geprüft werden einerseits der Aufbau und das Funktionieren der internen Kontrollen und andererseits werden Mitarbeiter über Geschäftsabläufe befragt. Wenn das System genügend Kontrollen aufweist und dadurch fehlerfrei funktioniert, insbesondere wenn Fehler selbständig durch das Unternehmen aufgedeckt werden und dies durch eine Einhalteprüfung bestätigt wird, kann sich der Revisor auf das Funktionieren und die Wirksamkeit des geprüften Systems verlassen. Im Ergebnis wird dadurch der Umfang der Einzelprüfungen gegenüber einem Unternehmen reduziert, welches nicht über diese Kontrollsysteme verfügt.

cc. Analytische Prüfung

Analytische Prüfungshandlungen sind Verfahren zur Erlangung von Prüfungsnachweisen, die sich auf die **Analyse wesentlicher Kennzahlen und Trends** beschränken, einschliesslich der **Untersuchung von Veränderungen und Relationen,** die von anderen relevanten Informationen oder von prognostizierten Beträgen abweichen (Vorperiodenzahlen, voraussichtliche Budgets, Vergleich mit anderen Unternehmen aus der Branche etc.).

Der Abschlussprüfer wendet analytische Prüfungshandlungen in den Phasen der Planung sowie der Durchführung der Revision an. Gestützt auf die Ergebnisse seiner Bilanz- und Erfolgsrechnungsanalyse definiert der Revisor, welche Prüffelder verfahrensorientiert, abgestützt auf die interne Kontrolle, und welche ergebnisorientiert – analytisch sowie auf Grund von Detailprüfungen – geprüft werden sollen.

dd. Detailprüfung

Einzelprüfungen als Einsichtnahme, Beobachtung, Befragung, Bestätigung oder Berechnung sind immer Teilprüfungen und werden **stichprobenweise** durchgeführt. Möglich sind statistische (sog. «Zufallsstichproben») oder nichtstatistische (sog. «Urteilsstichproben», nach einer bewussten, bestimmten Auswahl) Stichproben.

d. Prüfungsurteil *(Berichterstattung)*

Nachdem der Prüfer zur Schlussfolgerung kommt, dass er alle geplanten Handlungen oder im Laufe der Prüfung sich als nötig erwiesene zusätzliche Handlungen durchgeführt hat, gibt er sein Prüfungsurteil ab.

Für seine Beurteilung, ob der Abschluss den anzuwendenden Rechnungslegungsnormen entspricht, muss der Abschlussprüfer einschätzen, ob die bei der Prüfung aufgedeckten und nicht korrigierten Fehlaussagen zusammengenommen wesentlich sind oder nicht.

Die Einschätzung der Wesentlichkeit von Aussagen des Abschlusses liegt im professionellen Ermessen des Abschlussprüfers.

Ein **nicht modifiziertes Prüfungsurteil** gibt er ab, wenn er zum Schluss kommt, dass der Abschluss als Ganzes in allen wesentlichen Punkten mit den anzuwendenden Rechnungslegungsnormen übereinstimmt.

Stellt der Revisor bei der Abschlussprüfung Sachverhalte fest, die ein nicht modifiziertes Prüfungsurteil nicht zulassen, gibt er ein modifiziertes Prüfungsurteil ab.

e. Internes Kontrollsystem

Im Rahmen der ordentlichen Revision (Art. 728a OR) ist zu prüfen, ob ein internes Kontrollsystem (IKS) existiert.

Dabei wird nur die Dokumentation der Ausgestaltung und der Umsetzung des IKS geprüft. Nicht Bestandteil der IKS «Existenzprüfung» nach Art. 728a Abs. 1 Ziff. 3 OR ist hingegen die Prüfung des dauerhaften und mängelfreien Funktionierens des IKS.

Die Prüfung der Funktionstauglichkeit des IKS ist aber gleichwohl sinnvoll, denn nur wenn das Kontrollsystem funktioniert, kann sich der Revisor im Rahmen der Systemprüfung auf das Funktionieren und die Wirksamkeit des geprüften Systems verlassen (was zu einer Einschränkung der Detailprüfungen führen kann; vgl. dazu lit. c/bb, S. 153).

3. Eingeschränkte Revision

a. Grundlagen

Sind die Voraussetzungen für eine ordentliche Revision nicht gegeben, muss die Gesellschaft ihre Jahresrechnung durch eine Revisionsstelle eingeschränkt prüfen lassen (Art. 727a OR).

Nur 2 bis 3 % aller Gesellschaften unterliegen den Vorschriften über die ordentliche Revision, der Rest kann nach den Vorschriften zur eingeschränkten Revision revidiert werden.

Gemäss Art. 729a OR prüft die Revisionsstelle, ob Sachverhalte vorliegen, aus denen zu schliessen ist, dass (i) die Jahresrechnung nicht den gesetzlichen Vorschriften und den Statuten entspricht sowie (ii) der Antrag des Verwaltungsrats an die Generalversammlung über die Verwendung des Bilanzgewinnes nicht den gesetzlichen Vorschriften und den Statuten entspricht.

Der Gesetzgeber verfolgte das Ziel, eine preisgünstige Revision mit eingeschränktem Umfang für KMU einzuführen. Die Einschränkung des Umfanges der Revision spart Kosten, bewirkt auf der anderen Seite aber auch, dass die Revision eine geringere Sicherheit bietet.

b. Durchführung der eingeschränkten Revision

Der Revisor muss sich zunächst einen Überblick über das Unternehmen verschaffen. Gestützt darauf beurteilt er die Risiken der Jahresrechnung als Ganzes und im Zusammenhang mit einzelnen Positionen. Für seinen Prüfungsplan legt er eine Wesentlichkeitsgrenze fest.

Die Prüfung umfasst Befragungen, analytische Prüfungshandlungen und angemessene Detailprüfungen. Die angemessenen Detailprüfungen beziehen sich vor allem auf Bestand und Bewertung der einzelnen Aktiven. Auf die Anwendung repräsentativer Stichprobenverfahren kann verzichtet werden. Bestandesprüfungen sind möglich durch Abstimmung mit detaillierten Listen, Einsicht in Belege, Abstimmung mit Auszügen, Durchsicht von Belegen in neuer Rechnung usw. Bewertungsprüfungen können etwa mittels Belegprüfungen, Abstimmung mit Preislisten etc. durchgeführt werden.

c. Berichterstattung/Prüfungsaussage

Eine **uneingeschränkte Prüfungsaussage** (auch *negative assurance*) gibt der Revisor ab, wenn er bei der Prüfung auf keine Sachverhalte gestossen ist, aus denen zu schliessen ist, dass die Jahresrechnung nicht den gesetzlichen Vorschriften und den Statuten entspricht.

Eine **eingeschränkte oder verneinende Prüfungsaussage** spricht der Revisor auf Grund eines festgestellten Sachverhalts aus.

Eine eingeschränkte Prüfungsaussage oder die **Unmöglichkeit einer Prüfungsaussage** erfolgt auf Grund einer angenommenen Fehlaussage.

Die **Unmöglichkeit einer Prüfungsaussage wegen Beschränkung des Prüfungsumfangs** durch den Revisor ist angebracht, wenn der Revisor zum Schluss kommt, keine Zusicherung machen zu können.

Besteht nach der Meinung des Revisors eine wesentliche Unsicherheit bezüglich der Unternehmensfortführung, erwähnt er dies in einem **Zusatz**.

4. Unterschiede zwischen eingeschränkter und ordentlicher Revision

Funktional und in Bezug auf den Prüfungsablauf unterscheiden sich die Durchführungsmethoden der eingeschränkten und der ordentlichen Revision kaum. Um den vom Gesetzgeber gewünschten Unterschied zur ordentlichen Revision zu betonen, schliesst der Standard (Standard zur Eingeschränkten Revision, 2015) bei der eingeschränkten Revision einige Prüfungshandlungen ausdrücklich aus. Insbesondere unterbleibt die Prüfung des IKS, der Revisor darf weitgehend auf Drittbestätigungen verzichten und sich grundsätzlich auf die beim geprüften Unternehmen intern verfügbaren Informationen verlassen.

5. Teil Revisionsrecht

Ein weiterer Unterschied liegt in der Formulierung des Prüfungsberichts. Bei einer ordentlichen Revision bringt der Revisor die angemessene Urteilssicherheit *(reasonable assurance)* in einer positiv formulierten Zusicherung *(positive assurance)* zum Ausdruck. Eine eingeschränkte Revision hingegen liefert nur eine begrenzte Urteilssicherheit *(limited assurance)*. Diese kommt in der negativ formulierten Zusicherung des Revisors, dass die geprüfte Jahresrechnung keine wesentlichen Fehlaussagen enthält *(negative assurance),* zum Ausdruck.

Vergleich zwischen Art. 728a und 729a OR:

Art. 728a OR (ordentliche Revision)	Art. 729a OR (eingeschränkte Revision)
[1] Die Revisionsstelle prüft, ob: 1. die Jahresrechnung und gegebenenfalls die Konzernrechnung den gesetzlichen Vorschriften, den Statuten und dem gewählten Regelwerk entsprechen; 2. der Antrag des Verwaltungsrats an die Generalversammlung über die Verwendung des Bilanzgewinnes den gesetzlichen Vorschriften und den Statuten entspricht; 3. ein IKS existiert.	[1] Die Revisionsstelle prüft, ob Sachverhalte vorliegen, aus denen zu schliessen ist, dass: 1. die Jahresrechnung nicht den gesetzlichen Vorschriften und den Statuten entspricht; 2. der Antrag des Verwaltungsrats an die Generalversammlung über die Verwendung des Bilanzgewinnes nicht den gesetzlichen Vorschriften und den Statuten entspricht.
[2] Die Revisionsstelle berücksichtigt bei der Durchführung und bei der Festlegung des Umfanges der Prüfung das IKS.	[2] Die Prüfung beschränkt sich auf Befragungen, analytische Prüfungshandlungen und angemessene Detailprüfungen.
[3] Die Geschäftsführung des Verwaltungsrats ist nicht Gegenstand der Prüfung durch die Revisionsstelle.	[3] Die Geschäftsführung des Verwaltungsrats ist nicht Gegenstand der Prüfung durch die Revisionsstelle.

§ 33 Revisionsstelle

1. Kategorien der Prüfer

Die Zulassung zur Revision und die Aufsicht über die Revisoren sind im Bundesgesetz über die Zulassung und Beaufsichtigung der Revisorinnen und Revisoren (Revisionsaufsichtsgesetz [RAG]) geregelt.

Als **Revisoren** werden Personen ohne Fachausbildung, die freiwillige Revisionen ausführen, bezeichnet.

Als **zugelassene Revisoren** werden Personen bezeichnet, die berechtigt sind, Unternehmen im Rahmen einer eingeschränkten Revision zu prüfen (Art. 727c OR). Sie müssen über eine bestimmte Mindestausbildung und über eine formelle Zulassung verfügen (Art. 5 RAG).

Als **zugelassene Revisionsexperten** werden Personen bezeichnet, die berechtigt sind, wirtschaftlich bedeutende Unternehmen im Rahmen einer ordentlichen Revision zu prüfen und besondere Prüfungen bei Kapitalrückleistungen (Kapitalherabsetzung: Art. 732 Abs. 2 OR; Liquidation: Art. 745 Abs. 3 OR) vorzunehmen (Art. 727b Abs. 2 OR). Sie müssen über dieselbe Ausbildung wie zugelassene Revisoren verfügen, haben sich aber im Allgemeinen durch eine zusätzliche Fachpraxis auszuweisen (Art. 4 RAG).

Ein **Revisionsunternehmen** wird als Revisor oder als Revisionsexperte zugelassen, wenn die Mehrheit der Mitglieder seines obersten Leitungs- und Geschäftsführungsorgans, mindestens ein Fünftel der Personen, welche an der Erbringung der Revisionsdienstleistungen beteiligt sind, und alle Personen, welche Revisionsdienstleistungen leiten, über die entsprechende Zulassung verfügen und die Führungsstruktur eine genügende Überwachung der einzelnen Mandate gewährleistet (Art. 6 RAG).

Als **staatlich beaufsichtigte Revisionsunternehmen** werden Revisionsunternehmen bezeichnet, die zur Durchführung einer ordentlichen Revision bei Publikumsgesellschaften zugelassen sind (Art. 727b Abs. 1 OR; Art. 7 RAG). Sie müssen die Voraussetzungen für die Zulassung als Revisionsexperten erfüllen (Art. 9 RAG).

2. Unabhängigkeit

Das Gesetz enthält die allgemeinen Grundsätze der Unabhängigkeit. Die Aufzählung ist nicht abschliessend.

Bei der **ordentlichen Revision** hat die Revisionsstelle alles zu unterlassen, was ihre Unabhängigkeit tatsächlich *(independence in fact)* oder dem Anschein nach *(independence in appearance)* in irgendeiner Art in Frage stellen könnte (Art. 728 OR). Die Beratung durch die Revisionsstelle ist unter diesem Gesichtspunkt ausgeschlossen, vor allem wenn die Beratung in irgendeiner Form die Rechnungslegung beeinflusst. Das gilt auch für die Steuerberatung, soweit sie sich auf die Rechnungslegung auswirkt.

Bei der **eingeschränkten Revision** wird auf ein strenges Unabhängigkeitskriterium verzichtet (Art. 729 OR). Es ist möglich, dass ein Revisionsunternehmen sowohl an der Buchführung mitwirkt als auch eine eingeschränkte Revision durchführen kann, wenn eine verlässliche Prüfung durch organisatorische und personelle Massnahmen sichergestellt ist.

Sowohl bei der eingeschränkten Revision wie auch bei der ordentlichen Revision hat der Prüfer in seinem Bericht zur Unabhängigkeit Stellung zu nehmen.

Für die Revision von Publikumsgesellschaften durch staatlich beaufsichtigte Revisionsunternehmen bestehen weitere Vorschriften (Art. 7 ff. RAG). Diese beziehen sich auf den maximalen Honoraranteil eines Revisionskunden am Gesamtumsatz des Revisionsunternehmens und sehen Einschränkungen beim Wechsel von bestimmten Personen von einem geprüften Unternehmen zum Revisionsunternehmen und umgekehrt vor (Art. 11 RAG).

6. Teil Unternehmensbewertung

§ 34 Grundlagen

Die Unternehmensbewertung ist für viele Vorgänge im Schweizer Recht notwendig, so beim Kauf und Verkauf eines Unternehmens (als Aktienkauf oder als Vermögensübertragung), bei Sacheinlage, Sachübernahme, Änderung der Rechtsform, Übernahme einer Beteiligung, Fusion, Spaltung, Gesellschafterwechsel, Pflichtteilsberechnungen bei Erbteilungen oder auch güterrechtlichen Auseinandersetzungen zwischen Eheleuten.

Die Bewertungsmethoden eines Unternehmens können in verschiedene Kategorien eingeteilt werden. Zum einen kann ein Unternehmenswert über den Substanzwert des Unternehmens bestimmt werden. Andererseits ist es auch möglich, auf die Summe der Erträge oder der Mittelflüsse des Unternehmens abzustellen und diese mit dem Diskontierungsfaktor zu multiplizieren.

Bevor aber die Unternehmensbewertung erfolgen kann, müssen die Bilanz und die Erfolgsrechnung bereinigt werden. Es sind vor allem folgende Positionen zu berücksichtigen und allenfalls zu korrigieren:

- Aktiven in Privatvermögen, aber betrieblich genutzt *(quoad usum, quoad sortem, quoad dominium)*;
- Aktiven in Betriebsvermögen, aber privat genutzt;
- Aktionärsdarlehen und Darlehen der Gesellschaft an nahestehende Personen;
- Unternehmerlohn *(at arm's length)*;
- Persönliche Interessenlage (maximaler Verkaufspreis oder gewünschte nachhaltige Sicherung des Unternehmens); und
- Key Person Discount.

6. Teil Unternehmensbewertung

§ 35 Bewertungsmethoden*

1. Substanzwertmethode

Die Substanzwertmethode stellt ausschliesslich auf die Bilanz ab. Die Ausgangslage für den Unternehmenswert bilden die in der Bilanz aufgeführten Posten des Umlauf- und Anlagevermögens. Dazu kommen die stillen Reserven abzüglich der latenten Steuern. Es wird also nicht auf den vergangenen oder künftigen Ertrag des Unternehmens abgestellt und auch nicht auf den vergangenen oder der zu erwartenden Free Cash Flow. Der Vorteil dieser Methode liegt in ihrer einfachen Handhabung. Die Methode ergibt meist den Mindestpreis für ein Unternehmen. Der Nachteil der Methode besteht darin, dass sie sich nicht für gewinnträchtige Unternehmen eignet, da sie diese so zu niedrig bewertet werden.

2. Ertragswertmethode

Mit der Ertragswertmethode wird der Unternehmenswert im Hinblick auf den zu erwirtschaftenden Ertrag ermittelt. Es geht damit darum, welcher Ertrag mit der vorhandenen Substanz erwirtschaftet werden kann. Dieser Betrag wird dann mit dem Kapitalisierungszinsfuss diskontiert. Dieser liegt ca. bei 8 bis 12 %. Die Ausgangslage für die Berechnung bilden die historischen Durchschnittsgewinne, welche aus wiederkehrenden betrieblichen Aufwendungen und Erträgen resultieren. Damit wird ein realistischer Unternehmenswert erzielt. Zudem ist die Methode einfacher als die DCF-Methode, da keine Planzahlen errechnet werden müssen. Der Nachteil besteht darin, dass Prognosen stets mit Unsicherheiten behaftet sind.

Der Unternehmenswert ergibt sich damit aus folgender Formel:

Ertragswert = nachhaltiger Betriebsgewinn*100/Kapitalisierungszinsfuss

---

* Vgl. dazu SIEGRIST LOUIS, Präsentation Unternehmensbewertung, Universität Zürich, 2.10.2015.

3. Praktikermethode

Die Praktikermethode kombiniert die Substanzwert- und die Ertragswertmethode. Daraus ergibt sich eine Mittelwertmethode.

Häufige Verhältnisse:

- (einmal der Ertragswert plus einmal der Substanzwert)/2;
- (zweimal der Ertragswert plus einmal der Substanzwert)/3;
- (dreimal der Ertragswert plus einmal der Substanzwert)/4.

Durch diese Mischung wird ein realistischer Unternehmenswert erzielt, denn es wird sowohl die Substanz als auch der Ertrag beachtet. Der Nachteil der Methode besteht darin, dass sie vergangenheitsorientiert ist.

4. Discounted-Cash-Flow-Methode (DCF)

Die DCF-Methode basiert auf dem Free Cash Flow (FCF) und beachtet die gewichteten Kapitalkosten (WACC; mit den darin enthaltenen Eigen- und Fremdkapitalkosten).

Vorgehen:

1. Detailliertes Budget für die kommenden Jahre;
2. Berechnen des Residualwerts (die kapitalisierte künftige Rente);
3. Jeder Wert wird nun mit dem gewichteten Kapitalkostensatz auf den Bewertungsstichtag diskontiert;
4. Danach wird das Fremdkapital abgezogen und die nicht betriebsnotwendigen Vermögenswerte werden addiert.

Die Vorteile dieser Methode liegen darin, dass sie einen realistischen Unternehmenswert erzeugt. Der Ausgangspunkt bildet zudem die Geldflussrechnung, welche als wertungsfrei angesehen werden kann und damit keine grosse Ermessenspielräume zulässt. Dadurch können zumindest die Vergangenheitswerte schlecht manipuliert werden *(Profits are opinion, cash is fact)*. Weiter beachtet die Methode nicht nur die künftigen Mittelzuflüsse, sondern auch die Substanz und den Ertrag des Unternehmens.

Nachteilig wirkt sich aus, dass die Methode aufwendig ist und ihr durch die Prognose eine hohe Subjektivität zukommt. Weiter kann die Methode zu einem zu hohen Unternehmenswert führen.

5. Marktwertmethode

Mit der Marktwertmethode oder dem Multiplikatorverfahren wird der Unternehmenswert berechnet, indem eine bestimmte Betriebskennzahl mit einem Multiplikator multipliziert wird. Das zu bewertende Unternehmen soll also mit anderen ähnlichen Unternehmen verglichen werden. Durch diesen Vergleich entsteht der Marktwert des Unternehmens. Für die Berechnung werden die Umsätze und Gewinne mit dem entsprechenden Multiplikator multipliziert, um zum Firmenwert zu gelangen.

Grafik von Siegrist Louis, *Präsentation Unternehmensbewertung, Universität Zürich, 2.10.2015*

Vorteile:
- Schnell und einfach;
- Bewertung reflektiert die Erwartungen.

Nachteile:
- Schwierige Vergleichbarkeit;
- Verlangt detaillierte Kenntnisse;
- Wert abhängig von Marktsituation;
- Nur als Vergleichsrechnung sinnvoll.

Die Vorteile dieser Methode liegen darin, dass sie relativ schnell und einfach ist, wenn die nötigen Informationen vorliegen. Zudem reflektiert die Bewertung oft auch die Erwartungen.

Nachteilig wirkt sich aus, dass die Methode auf der Vergleichbarkeit der Unternehmen basiert, welche aber nur schwer herzustellen ist. Weiter verlangt die Methode detaillierte Kenntnisse des gesamten Transaktionsmarktes. Auch hängt der errechnete Unternehmenswert von der Marktsituation ab. Aus all diesen Gründen ist diese Methode nur als Vergleichsrechnung sinnvoll.

6. EBIT-Methode

Ausgangslage und namensgebend ist der Nettoertrag vor Zinsen und Steuern für die Berechnung des Unternehmenswerts. Mit der EBIT-Methode (EBIT = Earnings Before Interest and Taxes) kauft der professionelle Investor also den künftigen Nettoertrag des Unternehmens. Vielfach wird der EBIT-Wert mit einem Faktor von fünf bis sieben multipliziert. Ausschlaggebend für den Faktor ist die regelmässige Eigenkapitalrendite (ROI) von mindestens 12 % und das intakte Gewinnwachstum.

Die EBIT-Methode eignet sich nur für Unternehmen mit einem gewissen Alter, weil junge oder stark expandierende Firmen meist noch keinen verlässlichen Gewinn aufweisen, der als Berechnungsgrundlage dienen könnte.

Der Nachteil liegt darin, dass auch diese Methode auf eine Prognose abstellt, welche eine gewisse Unsicherheit mit sich bringt. Zudem erhält in dieser Methode die Substanz des Unternehmens keine Beachtung.

Sachregister

A

Absatzerfolgsrechnung 54 f.
Abschreibungen 99 f.
- Für Wiederbeschaffungszwecke 102
- Wertaufholung 102

Abschreibungssätze 100 f.
Aktiven 48 f.
- Bewertung 83 ff.
- Mit beobachtbaren Marktpreisen 91 ff.

Anhang 57 ff.
- Angaben, Aufschlüsselungen und Erläuterungen zu Bilanz und Jahresrechnung 57 ff.
- Aufwertungen 67
- Aussergewöhnliche Risiken 68
- Ausstehende Anleihensobligationen 66
- Beteiligungen 60
- Beteiligungsrechte und Optionen 64
- Brandversicherungswert 65
- Eigene Anteile/Aktien 60
- Erläuterungen zu bedeutenden/aussergewöhnlichen Einflüssen 64 f.
- Eventualverpflichtungen 63
- Firma, Name und Rechtsform 59
- Gesamtbetrag der aufgelösten stillen Reserven 58
- Kapitalerhöhung 66
- Kaufvertragsähnliche Leasinggeschäfte 61
- Publikumsgesellschaften 46 ff.
- Rechnungslegungsmethode 57
- Rücktritt der Revisionsstelle 65
- Sicherheiten für Verbindlichkeiten Dritter 62 f.
- Verbindlichkeiten gegenüber Vorsorgeeinrichtungen 61
- Verpfändete oder abgetretene Aktiven 62 f.
- Vollzeitstellen 59
- Weitere vom Gesetz verlangte Angaben 58

Anlagen in Produktion 94 ff.
Anlagevermögen 94 ff.
- Aufwertung 95
- Aufwertung bei Kapitalverlust 97 ff.
- Beteiligungen 95
- Erstbewertung 89
- Folgebewertung 87 f., 90 f.
- Immaterielle Werte 96 f.

Aufbewahrung 6 f.
Aufwendungen 52 ff.
Aufwertungen 95, 97 f.
Aufwertungsreserve 91 ff., 97

Sachregister

B

Badwill 139 ff.
Barwert 104
Bestandesänderungen 54
Beteiligungen 60, 95
Betriebsrechnung
– s. Erfolgsrechnung
Bewertungsvorschriften 84 ff.
– Annahme der Fortführung 85
– Fremdwährungsumrechnung 83 f.
– Grundsatz der Einzelbewertung 85 ff.
– Höchstwertprinzip 87
– Latente Steuern 84 f.
– Niederstwertprinzip/Vorsichtsprinzip 88
– Stichtagsprinzip 88
Bilanz 48 ff.
– IFRS 50 f.
– OR und Swiss GAAP FER 48 ff.
Brandversicherungswert 67
Bruttoprinzip 36 f.

C

Cash-Flow-Rechnung 70 ff.
– Cash-Flow aus der Finanzierungstätigkeit 74
– Cash-Flow aus der Investitionstätigkeit 74
– Freier Cash-Flow 75
– Funktion der Cash-Flow-Rechnung 77 ff.
– Gliederung 75 f.
– Operativer Cash-Flow 75 f.
Cashpool 145

E

Eigene Aktien 60, 112 f.
Eigene Anteile
– s. eigene Aktien
Eigenkapital 110 ff.
Eigenkapitalveränderungsrechnung 69 f.
Einzelbewertung 85 ff.
Erfolgsrechnung 52 ff.
– Absatzerfolgsrechnung 54 f.
– Gesamtkostenverfahren 53
– Produktionserfolgsrechnung 53
– Umsatzkostenverfahren 54 f.
– Wahl des Verfahrens 55
Eventualverbindlichkeiten 104 f.
Eventualverpflichtungen 63

F

Fair Presentation 26
Fair value 104
Fiktive Schulden 116
Finanzanlagen 131 f.
Flüssige Mittel 89
Folgebewertung 87, 90
Forderungen 89
Fortführungsfähigkeit 28 ff.
Framework
– s. Rahmenkonzept
Free Cash Flow

– s. Cash-Flow-Rechnung
Fremdwährungs-
  umrechnung 83 f.
Führungsinstrument 1, 120 f.
50-%-Regel 107 f.

G

Geldflussrechnung
– s. Cash-Flow-Rechnung
Genossenschaft 8 f.
Gesamtkostenverfahren
– s. Produktionserfolgsrechnung
Geschäftsbericht 45 f.
Geschäftskorrespondenz 6 f.
Gewinn- und Verlustrechnung
– s. Erfolgsrechnung
Gläubigerschutz 3 f., 121
GmbH 148
Going concern
– s. Fortführungsfähigkeit
Goodwill 136 ff.
Grössere Unternehmen 81
Grundsätze ordnungsmässiger
  Rechnungslegung 28 ff.

H

Handelsregister 6, 59

I

IAS
– s. IFRS
IFRS 14 ff.

Immaterielle Werte 96 f.
Imparitätsprinzip 35 f.
Investitionen in Sachanlagen 95
Investiver Cash-Flow
– s. Cash-Flow-Rechnung

J

Jahresbericht
– s. Lagebericht
Jahresrechnung 23 ff., 45 ff.

K

Kapitalaufrechnungsdiffe-
  renz 134 f.
Kapitalerhaltung 1
Kapitalerhöhung Anhang 66
– Lagebericht 82
Kapitalflussrechnung
– s. Cash-Flow-Rechnung
Kapitalverlust 5
Klarheit 32
Konkurs 123
Konsolidierungskreis 122 f.
Kontrolle (Konzernbegriff) 119 f.
Konzernrechnungslegung 119 ff.
– Badwill 139 ff.
– Beteiligungen unter 20 % 131 f.
– Bilanzierung von Anteilen an
  Tochterunternehmen 134 ff.
– Bilanzkonsolidierung 132 ff.
– Cash-Flow-Rechnung 145 f.
– Equity-Methode 129 ff.

Sachregister

- Erfolgsrechnungskonsolidierung 144 f.
- Funktion 120 f.
- Goodwill 136 ff.
- Kontrolle 119 f.
- Konsolidierung von Eventualverbindlichkeiten 141
- Konsolidierung von konzerninternen Schulden und Forderungen 132 ff.
- Konsolidierungskreis 122 f.
- Konsolidierungspflicht 121 f.
- Mehrheit von Unternehmen 119
- Quotenkonsolidierung 127 ff.
- Vollkonsolidierung 125 ff.
- Wirtschaftliche Einheit 119

Kosten-Nutzen-Verhältnis 44 f.

L

Lagebericht 81 f.
Latente Steuern 84 f.
Liquidationswert 29 ff.

M

Milchbüchlein-Rechnung 6
Mittelflussrechnung
- s. Cash-Flow-Rechnung

N

Neubewertungsreserve 29 f., 91
Neutralität 43

O

Operativer Cash-Flow
- s. Cash-Flow-Rechnung

P

Percentage-of-Completion-Methode (POC-Methode) 94
Periodenabgrenzung 38 ff.
Produktionserfolgsrechnung 53 f.

R

Rahmenkonzept 12, 15, 23
Rechenschaftsablegung 1 f.
Rechnungsabgrenzung
- s. transitorische Posten
Rechnungslegungspflicht 6 f.
Rechnungslegungsreserven 111
Regelwerk 8 f., 22 ff., 68, 103, 124
Relevanz 32
Revisionsrecht 147 ff.
- Eingeschränkte Revision 155 ff.
- Erweiterter Prüfungsumfang 149
- Freiwillige Revision 150
- Ordentliche Revision 151 ff.
- Prüfungsstandards 150 f.
- Revisionspflicht 148 ff.
- Revisionsstelle 159 ff.
- Verringerter Prüfungsumfang 150
- Verzicht auf Prüfung 149
Risiken 1, 35, 68
Risikoreserve 110

Sachregister

Rückstellungen 105 ff.
- Auflösung 109 f.
- 50-%-Regel 107 f.
- Offenlegung der Rückstellung 108
- Rückstellung für zukünftige Aufwendungen 108

S

Saldierungsverbot 36
Schwankungsreserve 91 ff.
Stetigkeit 33 f.
Stichtagsprinzip 88
Stiftung 122
Stille Reserven 115 ff.
- Dokumentation und Offenlegung der stillen Reserven 117
- Stille Ermessensreserven 115 f.
- Stille Willkürreserven 116
- Stille Zwangsreserven 115
- Unzulässige stille Reserven 116
- Weitere stille Reserven 117
- Wiederbeschaffungsreserven 116
Substance over form
- s. wirtschaftliche Betrachtungsweise
Swiss GAAP FER 11 ff.
Systemschutz 2

T

Tageswert 104
Transitorische Posten 39 ff.
Transparenz 2

True and fair
- s. Fair Presentation

U

Überschuldung 4 ff., 27, 83
Umlaufvermögen 89 ff.
Umsatzkostenverfahren
- s. Absatzerfolgsrechnung
Unternehmensfortführung
- s. Fortführungsfähigkeit

V

Verantwortlichkeitsverfahren 151
Verbindlichkeiten 61 ff., 104 f.
Verein 6
Vergleichbarkeit 33 f.
Vergütungen 46
Verlässlichkeit 31
Verrechnung 36, 114
Verrechnungsverbot 36
Verständlichkeit 32
Vollständigkeit 31
Vollzeitstellen 11, 59, 148, 149
Vorräte 90 f.
Vorsicht 26, 34 f., 88
Vorsorgeeinrichtung 61

W

Wertaufholung 103
Wertbeeinträchtigung
- s. Wertberichtigung
Wertberichtigung 101 f.

Wertschriften 91 ff.
Wesentliche Ereignisse nach dem Bilanzstichtag 65 f.
Wesentlichkeit 31
Wiederbeschaffungsreserven 58, 116
Willkürreserven 115
Wirtschaftliche Betrachtungsweise 37 f.

Z

Zeitnähe 44
Ziel der Rechnungslegung 1 f.
Zwangsreserven 115